Azijska Kuhinja
Okusi, Arome in Kulinarično Raznolikost

Lara Wu

Povzetek

Hrustljava govedina s curry omako 10
Dušeni goveji curry 11
Pečena govedina s curryjem 12
Govedina s česnom 13
Ingverjeva govedina 14
Rdeča kuhana govedina z ingverjem 15
Govedina s stročjim fižolom 16
Vroča govedina 17
Vroči goveji straccetti 18
Govedina z mangetoutom 20
Marinirana govedina 21
Govedina in ocvrte gobe 22
Marinirana govedina 23
Dušena govedina z gobami 24
Ocvrta govedina z rezanci 26
Govedina z riževimi rezanci 27
Govedina s čebulo 28
Govedina in grah 29
Dušen čebulni goveji kasač 30
Govedina s posušeno pomarančno lupino 31
Govedina z omako iz ostrig 32
Govedina s papriko 33
Pepper steak 34
Govedina s papriko 35
Trakovi pečene govedine z zeleno papriko 36
Govedina s kitajskimi kumaricami 37
Zrezek s krompirjem 38
Rdeča kuhana govedina 39
Okusna govedina 40
Mleta govedina 41
Mleta govedina na družinski način 42

Začinjena mleta govedina 43
Marinirana govedina s špinačo 44
Goveji črni fižol z mlado čebulo 46
Goveja pečenka z mlado čebulo 47
Govedina in mlada čebula z ribjo omako 48
Dušeno goveje meso 49
Goveji golaž 50
Dušeni prsi 51
Pečena govedina 52
Steak Strips 54
Dušena govedina s sladkim krompirjem 55
Goveji file 56
Pečen goveji kruh 57
Goveji tofu Čili Tofu 58
Govedina s paradižnikom 59
Rdeča govedina, kuhana z repo 60
Govedina z zelenjavo 61
Goveji golaž 62
Polnjen zrezek 63
Goveji cmoki 65
Hrustljave mesne kroglice 66
Mleta govedina z indijskimi oreščki 68
Govedina v rdeči omaki 69
Goveje mesne kroglice z lepljivim rižem 70
Mesne kroglice s sladko kislo omako 71
Dušen mesni puding 73
Parjeno mleto meso 74
Mleta govedina z omako iz ostrig 75
Goveje zvitke 76
Goveje in špinačne polpete 77
Ocvrta govedina s tofujem 78
Jagnjetina s špargljim 79
stojalo jagnjetine 80
Jagnjetina s stročjim fižolom 81
kuhana jagnjetina 82
Jagnjetina z brokolijem 83

Jagnjetina z vodnim kostanjem 84
Jagnjetina z zeljem 85
Jagnjetina Chow Mein 86
jagnječji curry 87
Dišeča jagnjetina 88
Jagnječje kocke na žaru 89
Jagnjetina z mangetoutom 90
Marinirana jagnjetina 91
Jagnjetina z gobami 92
Jagnjetina z omako iz ostrig 93
Rdeča kuhana jagnjetina 94
Jagnjetina z mlado čebulo 95
Mehki jagnječji zrezki 96
jagnječja enolončnica 97
Pečeno jagnje 99
Jagnjetina in zelenjava 100
Jagnjetina s tofujem 102
Pečeno jagnje 103
Jagnječja pečenka z gorčico 104
Polnjene jagnječje prsi 105
Jagnjetina v pečici 106
Jagnjetina in riž 107
Jagnjetina iz vrbe 108
Svinjina z mandlji 109
Svinjina z bambusovimi poganjki 110
Svinjina na žaru 111
Svinjsko zelje in fižol 112
Piščanec z bambusovimi poganjki 113
Dušena šunka 114
Slanina z zeljem 115
Piščanec z mandlji 116
Piščanec z mandlji in vodnim kostanjem 118
Piščanec z mandlji in zelenjavo 119
Piščanec z janežem 120
Piščanec z marelicami 122
Piščanec s šparglji 123

Piščanec iz jajčevca *124*
Piščanec ovit v slanino *125*
Piščanec s fižolovimi kalčki *126*
Piščanec z omako iz črnega fižola *127*
Piščanec z brokolijem *128*
Piščanec z zeljem in arašidi *129*
Indijski piščanec *130*
Piščanec s kostanjem *131*
Začinjen piščanec s čilijem *132*
Čili ocvrt piščanec *134*
kitajski piščanec *135*
Chicken Chow Mein.. *136*
Začinjen hrustljavo ocvrt piščanec *138*
Ocvrt piščanec s kumarami *139*
Čili s piščančjim curryjem *141*
Kitajski piščančji curry *142*
Hitri piščančji curry *143*
Piščančji curry s krompirjem *144*
Ocvrta piščančja bedra *145*
Ocvrt piščanec s curry omako *146*
pijani piščanec *147*
Soljeni piščanec z jajcem *148*
Piščančji jajčni zvitki *150*
Dušen piščanec z jajci *152*
Piščanec z Daljnega vzhoda *154*
Foo Yung piščanec *155*
Šunka in piščanec Foo Yung *156*
Ocvrt piščanec z ingverjem *157*
Piščanec z ingverjem *158*
Ingverjev piščanec z gobami in kostanjem *159*
Zlati piščanec *160*
Mariniran zlati piščančji paprikaš *161*
Zlati kovanci *162*
Dušen piščanec s šunko *164*
Piščanec z omako Hoisin *164*
Piščanec z medom *166*

piščanec "Kung Pao" 166
Piščanec s porom 167
Piščanec z limono 168
Pečen piščanec z limono 170
Piščančja jetra z bambusovimi poganjki 171
Ocvrta piščančja jetra 172
Piščančja jetra s snežnim grahom 173
Piščančja jetra s palačinkami z rezanci 174
Piščančja jetra z omako iz ostrig 175
Piščančja jetra z ananasom 176
Sladko-kisla piščančja jetra 177
Piščanec z ličijem 178
Piščanec z ličijevo omako 179
Piščanec s snežnim grahom 180
Mango baby 181
Lubenica, polnjena s piščancem 182
Ocvrt piščanec in gobe 183
Piščanec z gobami in lešniki 184
Ocvrt piščanec z gobami 186
Dušen piščanec z gobami 187
Piščanec s čebulo 188
Piščanec s pomarančo in limono 189
Piščanec z omako iz ostrig 190
Piščančji paketi 191
Lešnikov piščanec 192
Piščanec z arašidovim maslom 193
Piščanec z zelenim grahom 194
Pekinški piščanec 195
Piščanec s papriko 196
Ocvrt piščanec s papriko 198
Piščanec in ananas 200
Piščanec z ananasom in ličijem 201
Piščanec s svinjino 202
Dušen piščanec s krompirjem 203
Five spice piščanec s krompirjem 204
Rdeče kuhan piščanec 205

Piščančje mesne kroglice 206
Soljen piščanec 206
Piščanec v sezamovem olju 207
piščančji šeri 208
Piščanec s sojino omako 209
Začinjen pečen piščanec 210
Piščanec s špinačo 211
Spomladanski zavitki s piščancem 212

Hrustljava govedina s curry omako

Nosite 4

1 stepeno jajce
15 ml/1 žlica koruzne moke (koruznega škroba)
5 ml/1 čajna žlička natrijevega bikarbonata (natrijev bikarbonat)
15 ml/1 žlica riževega vina ali suhega šerija
15 ml/1 žlica sojine omake
225 g/8 oz puste govedine, narezane na rezine
90 ml/6 žlic olja
100g/4oz curry paste

Zmešajte jajce, koruzno moko, sodo bikarbono, vino ali šeri in sojino omako. Vmešajte goveje meso in 15 ml/1 žlico olja. Segrejte preostalo olje in pražite mešanico govedine in jajc 2 minuti. Odstranite meso in odcedite olje. V ponev dodamo curry pasto in zavremo, nato vrnemo govedino v ponev, dobro premešamo in postrežemo.

Dušeni goveji curry

Nosite 4

45 ml/3 žlice arašidovega (arašidovega) olja.

5 ml/1 čajna žlička soli

1 strok česna, strt

450 g/lb pečene govedine, narezane na kocke

4 mlade čebule (glava čebula), narezane na rezine

1 rezina ingverjeve korenine, sesekljana

30 ml/2 žlici karija

15 ml/1 žlica riževega vina ali suhega šerija

15 ml/1 žlica sladkorja

400 ml/14 fl oz/1 skodelica goveje juhe

15 ml/1 žlica koruzne moke (koruznega škroba)

45 ml/3 žlice vode

Segrejte olje in prepražite sol in česen do rjave barve. Dodamo zrezek in ga pokapljamo z oljem, nato dodamo mlado čebulo in ingver ter pražimo toliko časa, da se meso z vseh strani zapeče. Dodamo kari in pražimo 1 minuto. Dodamo vino ali šeri in sladkor, nato dodamo osnovo, zavremo, pokrijemo in dušimo približno 35 minut, da se meso zmehča. Koruzni zdrob in vodo zmešamo v pasto, zmešamo z omako in med mešanjem kuhamo, dokler se omaka ne zgosti.

Pečena govedina s curryjem

Nosite 4

225 g/8 oz puste govedine
30 ml/2 žlici arašidovega (arašidovega) olja.
1 velika čebula, narezana na rezine
30 ml/2 žlici karija
1 rezina ingverjeve korenine, sesekljana
15 ml/1 žlica riževega vina ali suhega šerija
120 ml/4 fl oz/¬Ω skodelice goveje juhe
5 ml/1 čajna žlička sladkorja
15 ml/1 žlica koruzne moke (koruznega škroba)
45 ml/3 žlice vode

Meso narežite na tanke rezine glede na vlakna. Segrejte olje in na njem prepražite čebulo, dokler ne postekleni. Dodamo kari in ingver ter pražimo nekaj sekund. Dodajte goveje meso in pražite, dokler ne porjavi. Dodamo vino ali šeri in osnovo, zavremo, pokrijemo in dušimo približno 5 minut, da se meso skuha. zmešajte sladkor,

koruzno moko in vodo, združite v ponvi in med mešanjem kuhajte, dokler se omaka ne zgosti.

Govedina s česnom

Nosite 4

350 g/12 oz puste govedine, narezane na rezine
4 stroke česna, narezane na rezine
1 rdeča paprika, narezana
45 ml/3 žlice sojine omake
45 ml/3 žlice arašidovega (arašidovega) olja.
5 ml/1 čajna žlička koruzne moke (koruznega škroba)
15 ml/1 žlica vode

Goveje meso zmešajte s česnom, čilijem in 30 ml/2 žlici sojine omake ter pustite počivati 30 minut, občasno premešajte. Segrejte olje in govejo mešanico pražite nekaj minut, da je skoraj kuhana. Preostale sestavine zmešamo v pasto, vmešamo v ponev in še naprej pražimo, dokler govedina ni pečena.

Ingverjeva govedina

Nosite 4

15 ml/1 žlica arašidovega olja (arašidov).
450 g/lb puste govedine, narezane na rezine
1 čebula, narezana na tanke rezine
2 stroka česna, nasekljana
2 kosa kristaliziranega ingverja, narezana na tanke rezine
15 ml/1 žlica sojine omake
150 ml/¬° za/veliko ¬Ω skodelico vode
2 stebli zelene, prerezani diagonalno
5 ml/1 čajna žlička soli

Segrejte olje in prepražite meso, čebulo in česen, da rahlo porjavijo. Dodamo ingver, sojino omako in vodo, zavremo, pokrijemo in pustimo vreti 25 minut. Dodamo zeleno, pokrijemo in kuhamo še 5 minut. Pred serviranjem potresemo s soljo.

Rdeča kuhana govedina z ingverjem

Nosite 4

450 g/lb puste govedine

2 rezini ingverjeve korenine, sesekljane

4 mlade čebule (čebule), sesekljane

120 ml/4 fl oz/¬Ω skodelice sojine omake

60 ml/4 žlice riževega vina ali suhega šerija

400 ml/14 fl oz/1 skodelica vode

15 ml/1 žlica rjavega sladkorja

Vse sestavine dajte v težko ponev, zavrite, pokrijte in kuhajte, občasno obrnite, dokler se meso ne zmehča, približno 1 uro.

Govedina s stročjim fižolom

Nosite 4

225 g/8 oz zrezek, narezan na tanke rezine
30 ml/2 žlici koruzne moke (koruzni škrob)
15 ml/1 žlica riževega vina ali suhega šerija
15 ml/1 žlica sojine omake
30 ml/2 žlici arašidovega (arašidovega) olja.
2,5 ml/¬Ω čajne žličke soli
2 stroka česna, nasekljana
225 g stročjega fižola
225 g/8 oz bambusovih poganjkov, narezanih
50 g narezanih gob
50 g vodnega kostanja, narezanega
150 ml/¬° pt/ohm skodelica piščančje juhe

Zrezek položimo v skledo. Zmešajte 15 ml/1 žlico koruznega škroba, vina ali šerija in sojine omake, vmešajte v meso in marinirajte 30 minut. Segrejemo olje s soljo in česnom ter pražimo toliko časa, da česen rahlo porjavi. Dodamo govedino in marinado ter pražimo 4 minute. Dodamo fižol in pražimo 2 minuti. Dodamo ostale sestavine, zavremo in pustimo vreti 4 minute. Preostalo koruzno moko zmešajte z a malo vode in vmešaj v omako. Med mešanjem kuhajte, dokler se omaka ne zbistri in zgosti.

Vroča govedina

Nosite 4

450 g/lb puste govedine
6 mladih čebul (čebulic), narezanih
4 rezine ingverjeve korenine
15 ml/1 žlica riževega vina ali suhega šerija
15 ml/1 žlica sojine omake
4 posušene rdeče čilije, sesekljane
10 poprovih zrn
1 strok janeža
300 ml/¬Ω za/1¬° skodelice vode
2,5 ml/¬Ω čajne žličke olja feferona

Meso dajte v skledo z 2 mladima čebulicama, 1 rezino ingverja in polovico vina ter pustite, da se marinira 30 minut. Zavremo velik lonec vode, dodamo govedino in kuhamo, dokler se ne zapre

na vseh straneh, nato odstranite in odcedite. Preostalo mlado čebulo, ingver in vino ali šeri dajte v ponev s čiliji, poprovimi zrni in zvezdastim janežem ter dodajte vodo. Zavremo, dodamo meso, pokrijemo in dušimo približno 40 minut, da se meso zmehča. Meso poberemo iz tekočine in dobro odcedimo. Narežemo ga na tanko in razporedimo po segretem servirnem krožniku. Postrežemo ga poškropljenega s čilijevim oljem.

Vroči goveji straccetti

Nosite 4

150 ml/¬° za/veliko ¬Ω skodelico arašidovega olja (arašidov).
450 g/1 lb pustega govejega mesa, narezanega proti zrnu
45 ml/3 žlice sojine omake
15 ml/1 žlica riževega vina ali suhega šerija
1 rezina ingverjeve korenine, sesekljana
1 posušena rdeča paprika, sesekljana

2 korenčka, sesekljana

2 stebli zelene, prerezani diagonalno

10 ml/2 žlički soli

225 g/8 oz/1 skodelica dolgozrnatega riža

Segrejte dve tretjini olja in 10 minut dušite govedino, sojino omako in vino ali šeri. Odstranite meso in prihranite omako. Segrejte preostalo olje in na njem 1 minuto pražite ingver, papriko in korenje. Dodamo zeleno in pražimo 1 minuto. Dodamo meso in sol ter pražimo 1 minuto.

Medtem kuhamo riž v vreli vodi približno 20 minut, da se zmehča. Dobro odcedimo in razporedimo po servirnem krožniku. Prelijemo z govejo mešanico in pekočo omako.

Govedina z mangetoutom

Nosite 4

225 g/8 oz puste govedine
30 ml/2 žlici koruzne moke (koruzni škrob)
5 ml/1 čajna žlička sladkorja
5 ml/1 čajna žlička sojine omake
10 ml/2 žlički riževega vina ali suhega šerija
30 ml/2 žlici arašidovega (arašidovega) olja.
2,5 ml/¬Ω čajne žličke soli
2 rezini ingverjeve korenine, sesekljane
225g/8oz snežnega graha (grah)
60 ml/4 žlice goveje juhe
10 ml/2 žlički vode
sveže mlet poper

Meso narežite na tanke rezine glede na vlakna. Zmešajte polovico koruznega zdroba, sladkor, sojino omako in vino ali šeri, dodajte mesu in dobro premešajte, da se prekrije. Segrejte polovico olja in nekaj sekund prepražite sol in ingver. Dodamo snežni grah in prelijemo z oljem. Prilijemo osnovo, zavremo in dobro premešamo, nato odstranimo grah in tekočino iz ponve.

Segrejte preostalo olje in prepražite govedino, da rahlo porjavi. Snežni grah vrnite v ponev. mešati

preostalo koruzno moko z vodo, zmešamo v ponvi in začinimo s poprom. Med mešanjem kuhajte, dokler se omaka ne zgosti.

Marinirana govedina

Nosite 4

450 g/lb goveje pečenke
75 ml/5 žlic sojine omake
60 ml/4 žlice riževega vina ali suhega šerija
5 ml/1 čajna žlička soli
15 ml/1 žlica koruzne moke (koruznega škroba)
45 ml/3 žlice arašidovega (arašidovega) olja.
15 ml/1 žlica rjavega sladkorja
15 ml/1 žlica vinskega kisa

Zrezek na več mestih zarežemo in položimo v skledo. Zmešajte sojino omako, vino ali šeri in sol, prelijte meso in pustite počivati 3 ure, občasno obrnite. Meso odcedimo in zavržemo marinado.

Meso osušimo in potresemo s koruzno moko. Segrejte olje in na njem popecite meso z vseh strani, da porjavi. Dodamo sladkor in vinski kis ter toliko vode, da je meso prekrito. Zavremo, pokrijemo in pustimo vreti približno 1 uro, da se meso zmehča.

Govedina in ocvrte gobe

Nosite 4

225 g/8 oz puste govedine
15 ml/1 žlica koruzne moke (koruznega škroba)
15 ml/1 žlica riževega vina ali suhega šerija
15 ml/1 žlica sojine omake
2,5 ml/¬Ω čajna žlička sladkorja
45 ml/3 žlice arašidovega (arašidovega) olja.
1 rezina ingverjeve korenine, sesekljana
2,5 ml/¬Ω čajne žličke soli
225 g narezanih gob
120 ml/4 fl oz/¬Ω skodelice goveje juhe

Meso narežite na tanke rezine glede na vlakna. Zmešajte koruzno moko, vino ali šeri, sojino omako in sladkor, vmešajte v meso in dobro premešajte, da se prekrije. Segrejte olje in pražite ingver 1 minuto. Dodajte goveje meso in pražite, dokler ne porjavi. Dodamo sol in gobe ter dobro premešamo. Prilijemo juho, zavremo in med mešanjem kuhamo toliko časa, da se omaka zgosti.

Marinirana govedina

Nosite 4

450 g/lb puste govedine, narezane na rezine
2 stroka česna, nasekljana
60 ml/4 žlice sojine omake
15 ml/1 žlica rjavega sladkorja
5 ml/1 čajna žlička soli
30 ml/2 žlici arašidovega (arašidovega) olja.

Meso damo v skledo in dodamo česen, sojino omako, sladkor in sol. Dobro premešamo, pokrijemo in pustimo marinirati približno 2 uri, občasno jih obrnemo. Odcedite in zavrzite marinado. Segrejte olje in goveje meso popecite z vseh strani, da porjavi, nato pa takoj postrezite.

Dušena govedina z gobami

Nosite 4

1 kg govejega zadka
sol in sveže mlet poper
60 ml/4 žlice sojine omake
30 ml/2 žlici hoisin omake
30 ml/2 žlici medu
30 ml/2 žlici vinskega kisa
5 ml/1 čajna žlička sveže mletega popra
5 ml/1 čajna žlička mletega janeža
5 ml/1 čajna žlička mletega koriandra
6 posušenih kitajskih gob
60 ml/4 žlice arašidovega olja (arašidov).
5 ml/2 žlici koruzne moke (koruzni škrob)
15 ml/1 žlica vode
400 g/14 oz konzerviranih paradižnikov
6 mladih čebul (čebulic), narezanih na trakove
2 korenčka, naribana
30 ml/2 žlici slivove omake
60 ml/4 žlice sesekljanega drobnjaka

Meso večkrat prebodemo z vilicami. Začinimo s soljo in poprom ter damo v skledo. Omake, med, vinski kis, poper in začimbe zmešamo, prelijemo po mesu, pokrijemo in pustimo čez noč marinirati v hladilniku.

Gobe za 30 minut namočimo v topli vodi, nato jih odcedimo. Zavrzite peclje in odrežite klobuke. Segrejte olje in meso pogosto obračajte, dokler ne porjavi. Zmešajte koruzni zdrob in vodo ter dodajte v ponev k paradižniku. Zavremo, pokrijemo in pustimo vreti približno 1 Ω uro, dokler se ne zmehča. Dodajte mlado čebulo in korenje ter kuhajte še 10 minut, dokler se korenje ne zmehča. Primešamo slivovo omako in dušimo 2 minuti. Meso vzamemo iz omake in narežemo na debele rezine. Vrnemo v omako, da se segreje, nato postrežemo potreseno z drobnjakom.

Ocvrta govedina z rezanci

Nosite 4

100 g/4 oz tankih jajčnih rezancev

30 ml/2 žlici arašidovega (arašidovega) olja.

225 g/8 oz puste govedine, mlete

30 ml/2 žlici sojine omake

15 ml/1 žlica riževega vina ali suhega šerija

2,5 ml/¬Ω čajne žličke soli

2,5 ml/¬Ω čajna žlička sladkorja

120 ml/4 fl oz/¬Ω skodelice vode

Rezance namočite, dokler se rahlo ne zmehčajo, nato jih odcedite in narežite na 7,5 cm dolge kose. Polovico olja segrejemo in na njem prepražimo meso, da porjavi. Dodajte sojino omako, vino ali šeri, sol in sladkor ter pražite 2 minuti, nato odstranite iz ponve. Segrejte preostalo olje in skuhajte rezance, dokler niso prekriti z oljem. Mešanico govejega mesa vrnite v ponev, dodajte vodo in zavrite. Kuhajte in vrejte približno 5 minut, dokler se tekočina ne vpije.

Govedina z riževimi rezanci

Nosite 4

4 posušene kitajske gobe
30 ml/2 žlici arašidovega (arašidovega) olja.
2,5 ml/¬Ω čajne žličke soli
225 g/8 oz puste govedine, narezane na rezine
100 g bambusovih poganjkov, narezanih na rezine
100 g/4 oz narezane zelene
1 čebula, narezana
120 ml/4 fl oz/¬Ω skodelice goveje juhe
2,5 ml/¬Ω čajna žlička sladkorja
10 ml/2 žlici koruzne moke (koruzni škrob)
5 ml/1 čajna žlička sojine omake
15 ml/1 žlica vode
100 g/4 oz riževih rezancev
praženo olje

Gobe za 30 minut namočimo v topli vodi, nato jih odcedimo. Zavrzite peclje in odrežite klobuke. Segrejte polovico olja in na njem prepražite sol in meso, da rahlo porjavi, nato pa ga odstranite iz ponve. Segrejte preostalo olje in prepražite zelenjavo do mehkega. Vmešajte juho in sladkor ter zavrite. Govedino vrnite v ponev, pokrijte in kuhajte 3 minute. Zmešajte koruzni zdrob, sojino omako in vodo, dodajte v ponev in med mešanjem kuhajte, dokler se zmes ne zgosti. Medtem na vročem olju nekaj sekund pražimo riževe rezance, da napihnejo in hrustljavo postrežemo k mesu.

Govedina s čebulo

Nosite 4

60 ml/4 žlice arašidovega olja (arašidov).
300 g pustega govejega mesa, narezanega na trakove
100 g čebule, narezane na trakove
15 ml/1 žlica piščančje juhe
5 ml/1 čajna žlička riževega vina ali suhega šerija
5 ml/1 čajna žlička sladkorja
5 ml/1 čajna žlička sojine omake
sol
sezamovo olje

Segrejemo olje in na močnem ognju pražimo meso in čebulo, da rahlo porjavi. Primešajte jušno osnovo, vino ali šeri, sladkor in sojino omako ter na hitro pražite, da se dobro premeša. Pred serviranjem po okusu začinite s soljo in sezamovim oljem.

Govedina in grah

Nosite 4

30 ml/2 žlici arašidovega (arašidovega) olja.

450 g/lb puste govedine, narezane na kocke

2 čebuli, narezani

2 palčki zelene, narezani na rezine

100 g svežega ali zamrznjenega graha, odmrznjenega

250 ml/8 fl oz/1 skodelica piščančje juhe

15 ml/1 žlica sojine omake

15 ml/1 žlica koruzne moke (koruznega škroba)

Segrejemo olje in pražimo meso, da rahlo porjavi. Dodajte čebulo, zeleno in grah ter kuhajte 2 minuti. Dodamo osnovo in sojino omako, zavremo, pokrijemo in pustimo vreti 10 minut. Koruzni škrob zmešamo z malo vode in dodamo omaki. Med mešanjem kuhajte, dokler se omaka ne zbistri in zgosti.

Dušen čebulni goveji kasač

Nosite 4

225 g/8 oz puste govedine
2 mladi čebuli (čebulice), sesekljani
30 ml/2 žlici sojine omake
30 ml/2 žlici riževega vina ali suhega šerija
30 ml/2 žlici arašidovega (arašidovega) olja.
1 strok česna, strt
5 ml/1 čajna žlička vinskega kisa
nekaj kapljic sezamovega olja

Goveje meso narežemo na tanke rezine proti zrnu. Zmešajte mlado čebulo, sojino omako in vino ali sherry, zmešajte z mesom in pustite počivati 30 minut. Odcedite in zavrzite marinado. Segrejte olje in prepražite česen, da rahlo porjavi. Dodajte goveje meso in pražite, dokler ne porjavi. Dodamo kis in sezamovo olje, pokrijemo in kuhamo 2 minuti.

Govedina s posušeno pomarančno lupino

Nosite 4

450 g/lb puste govedine, narezane na tanke rezine
5 ml/1 čajna žlička soli
praženo olje
30 ml/2 žlici arašidovega (arašidovega) olja.
100 g posušene pomarančne lupine
2 posušeni feferoni, drobno sesekljani
5 ml/1 čajna žlička sveže mletega popra
45 ml/3 žlice goveje juhe
2,5 ml/¬Ω čajna žlička sladkorja
15 ml/1 žlica riževega vina ali suhega šerija
5 ml/1 čajna žlička vinskega kisa
2,5 ml/¬Ω žlička sezamovega olja

Goveje meso potresemo s soljo in pustimo stati 30 minut. Segrejte olje in na njem prepražite meso do polovice. Odstranite in dobro odcedite. Segrejte olje in na njem 1 minuto pražite pomarančno lupinico, čili in poper. Dodamo meso in osnovo ter zavremo. Dodamo sladkor in vinski kis ter kuhamo, dokler ne ostane več tekočine. Vmešajte vinski kis in sezamovo olje ter dobro premešajte. Postrežemo ga na posteljici iz listov zelene solate.

Govedina z omako iz ostrig

Nosite 4

15 ml/1 žlica arašidovega olja (arašidov).
2 stroka česna, nasekljana
1 lb/450 g ramsteka, narezanega
100 g gob
15 ml/1 žlica riževega vina ali suhega šerija
150 ml/¬° pt/ohm skodelica piščančje juhe
30 ml/2 žlici ostrigine omake
5 ml/1 čajna žlička rjavega sladkorja
sol in sveže mlet poper
4 mlade čebule (glava čebula), narezane na rezine
15 ml/1 žlica koruzne moke (koruznega škroba)

Segrejte olje in prepražite česen, da rahlo porjavi. Dodamo zrezek in gobe ter pražimo, da rahlo porjavijo. Dodamo vino ali šeri in dušimo 2 minuti. Dodajte juho, ostrigino omako in sladkor ter začinite s soljo in poprom. Zavremo in med občasnim mešanjem kuhamo 4 minute. Dodajte mlado čebulo. Koruzni škrob zmešamo z malo vode in vmešamo v ponev. Med mešanjem kuhajte, dokler se omaka ne zbistri in zgosti.

Govedina s papriko

Nosite 4

350 g/12 oz puste govedine, narezane na trakove
75 ml/5 žlic sojine omake
75 ml/5 žlic arašidovega olja (arašidov).
5 ml/1 čajna žlička koruzne moke (koruznega škroba)
75 ml/5 žlic vode
2 čebuli, narezani
5 ml/1 čajna žlička ostrigine omake
sveže mlet poper
košarice za rezance

Goveje meso 1 uro mariniramo v sojini omaki, 15 ml/1 žlici olja, koruznem škrobu in vodi. Meso vzamemo iz marinade in dobro odcedimo. Segrejte preostalo olje in na njem prepražite meso in čebulo, da rahlo porjavi. Dodajte marinado in omako iz ostrig ter izdatno popoprajte. Zavremo, pokrijemo in med občasnim mešanjem pustimo vreti 5 minut. Postrezite s košaricami rezancev.

Pepper steak

Nosite 4

45 ml/3 žlice arašidovega (arašidovega) olja.

5 ml/1 čajna žlička soli

2 stroka česna, nasekljana

1 lb/450 g pečenega zrezka, narezanega na tanke rezine

1 čebula, narezana

2 zeleni papriki, grobo sesekljani

120 ml/4 fl oz/¬Ω skodelice goveje juhe

5 ml/1 čajna žlička rjavega sladkorja

5 ml/1 čajna žlička riževega vina ali suhega šerija

sol in sveže mlet poper

30 ml/2 žlici koruzne moke (koruzni škrob)

30 ml/2 žlici sojine omake

Olje s soljo in česnom segrejemo toliko časa, da se česen rahlo zapeče, nato dodamo zrezek in popečemo z vseh strani, da porjavi. Dodamo čebulo in papriko ter pražimo 2 minuti. Dodajte osnovo, sladkor, vino ali šeri ter začinite s soljo in poprom. Zavremo, pokrijemo in pustimo vreti 5 minut. Zmešajte koruzni zdrob in sojino omako ter vmešajte v omako. Med mešanjem kuhajte, dokler se omaka ne zbistri in zgosti, po potrebi dodajte malo vode, da postane omaka želene gostote.

Govedina s papriko

Nosite 4

350 g/12 oz puste govedine, narezane na tanke rezine
3 rdeče čilije, brez semen in narezane
3 mlade čebule (čebula), narezane na majhne koščke
2 stroka česna, nasekljana
15 ml/1 žlica omake iz črnega fižola
1 korenček, narezan
3 zelene paprike, narezane na koščke
sol
15 ml/1 žlica arašidovega olja (arašidov).
5 ml/1 čajna žlička sojine omake
45 ml/3 žlice vode
5 ml/1 čajna žlička riževega vina ali suhega šerija
5 ml/1 čajna žlička koruzne moke (koruznega škroba)

Goveje meso mariniramo v čiliju, mladi čebuli, česnu, omaki iz črnega fižola in korenčku 1 uro. Papriko kuhajte v vreli vodi s soljo 3 minute, nato jo dobro odcedite. Segrejte olje in govejo mešanico pražite 2 minuti. Dodamo papriko in pražimo 3 minute. Dodajte sojino omako, vodo in vino ali šeri. Koruzni škrob zmešamo z malo vode, vlijemo v ponev in med mešanjem kuhamo toliko časa, da se omaka zgosti.

Trakovi pečene govedine z zeleno papriko

Nosite 4

225 g/8 oz puste govedine, mlete
1 beljak
15 ml/1 žlica koruzne moke (koruznega škroba)
2,5 ml/½ čajne žličke soli
5 ml/1 čajna žlička riževega vina ali suhega šerija
2,5 ml/½ čajna žlička sladkorja
praženo olje
30 ml/2 žlici arašidovega (arašidovega) olja.
2 rdeča čilija, narezana na kocke
2 rezini ingverjeve korenine, sesekljane
15 ml/1 žlica sojine omake
2 veliki zeleni papriki, narezani na kocke

Meso dajte v skledo z beljakom, koruznim škrobom, soljo, vinom ali šerijem in sladkorjem ter pustite, da se marinira 30 minut. Segrejte olje in na njem prepražite meso, da rahlo porjavi. Odstranite iz ponve in dobro odcedite. Segrejte olje in na njem nekaj sekund prepražite čilije in ingver. Dodamo goveje meso in sojino omako ter pražimo do mehkega. Dodamo zeleni čili, dobro premešamo in pražimo 2 minuti. Postrezite takoj.

Govedina s kitajskimi kumaricami

Nosite 4

100 g kitajskih kislih kumaric, sesekljanih
450 g/1 lb pustega zrezka, narezanega na rezine
30 ml/2 žlici sojine omake
5 ml/1 čajna žlička soli
2,5 ml/½ čajna žlička sveže mletega popra
60 ml/4 žlice arašidovega olja (arašidov).
15 ml/1 žlica koruzne moke (koruznega škroba)

Vse sestavine dobro premešamo in damo v skledo, primerno za pečico. Posodo postavimo na rešetko v parno pečico, pokrijemo in nad vrelo vodo kuhamo 40 minut, dokler meso ni pečeno.

Zrezek s krompirjem

Nosite 4

450 g/1 lb zrezka

60 ml/4 žlice arašidovega olja (arašidov).

5 ml/1 čajna žlička soli

2,5 ml/¬Ω čajna žlička sveže mletega popra

1 čebula, sesekljana

1 strok česna, strt

225 g/8 oz krompirja, narezanega na kocke

175 ml/6 fl oz/¬œ skodelice goveje juhe

250 ml/8 fl oz/1 skodelica sesekljanih listov zelene

30 ml/2 žlici koruzne moke (koruzni škrob)

15 ml/1 žlica sojine omake

60 ml / 4 žlice vode

Zrezek narežemo na trakove in nato na tanke kosmiče glede na vlakna. Olje segrejemo in zrezek, sol, poper, čebulo in česen prepražimo do rjave barve. Dodamo krompir in osnovo, zavremo, pokrijemo in dušimo 10 minut. Dodamo liste zelene in kuhamo približno 4 minute, dokler se ne zmehčajo. Koruzno moko, sojino omako in vodo zmešajte v pasto, dodajte v ponev in med mešanjem kuhajte, dokler se omaka ne zbistri in zgosti.

Rdeča kuhana govedina

Nosite 4

450 g/lb puste govedine
120 ml/4 fl oz/¬Ω skodelice sojine omake
60 ml/4 žlice riževega vina ali suhega šerija
15 ml/1 žlica rjavega sladkorja
375 ml/13 fl oz/1¬Ω skodelice za vodo

V ponev z debelim dnom dajte govedino, sojino omako, vino ali šeri in sladkor ter zavrite. Pokrijte in kuhajte 10 minut ter enkrat ali dvakrat obrnite. Vmešajte vodo in zavrite. Pokrito dušimo približno 1 uro, da se meso zmehča, med kuhanjem pa po potrebi dolijemo malo vrele vode, če postane meso presuho. Postrežemo toplo ali hladno.

Okusna govedina

Nosite 4

30 ml/2 žlici arašidovega (arašidovega) olja.
450 g/lb puste govedine, narezane na kocke
2 mladi čebuli (čebulice), narezani
2 stroka česna, nasekljana
1 rezina ingverjeve korenine, sesekljana
2 zdrobljena klinčka janeža
250 ml/8 fl oz/1 skodelica sojine omake
30 ml/2 žlici riževega vina ali suhega šerija
30 ml/2 žlici rjavega sladkorja
5 ml/1 čajna žlička soli
600 ml/1 pt/2¬Ω skodelice za vodo

Segrejte olje in na njem prepražite meso, da rahlo porjavi. Odlijemo odvečno olje in dodamo mlado čebulo, česen, ingver in janež ter pražimo 2 minuti. Dodajte sojino omako, vino ali šeri, sladkor in sol ter dobro premešajte. Dodamo vodo, zavremo, pokrijemo in pustimo vreti 1 uro. Odstranite pokrov in dušite, dokler se omaka ne reducira.

Mleta govedina

Nosite 4

750 g/1¬Ω lb puste govedine, narezane na kocke
250 ml/8 fl oz/1 skodelica goveje juhe
120 ml/4 fl oz/¬Ω skodelice sojine omake
60 ml/4 žlice riževega vina ali suhega šerija
45 ml/3 žlice arašidovega (arašidovega) olja.

V ponev z debelim dnom dajte govedino, osnovo, sojino omako in vino ali šeri. Zavremo in med mešanjem kuhamo toliko časa, da tekočina izhlapi. Pustite, da se ohladi, nato ohladite. Meso raztrgajte z dvema vilicama. Olje segrejemo, dodamo meso in na hitro prepražimo, da se pokapa z oljem. Nadaljujte s kuhanjem na zmernem ognju, dokler se meso popolnoma ne posuši. Pustite, da se ohladi in postrezite z rezanci ali rižem.

Mleta govedina na družinski način

Nosite 4

225 g/8 oz mlete govedine
15 ml/1 žlica sojine omake
15 ml/1 žlica ostrigine omake
45 ml/3 žlice arašidovega (arašidovega) olja.
1 rezina ingverjeve korenine, sesekljana
1 rdeča paprika, sesekljana
4 stebla zelene, prerezana diagonalno
15 ml/1 žlica pekoče fižolove omake
5 ml/1 čajna žlička soli
15 ml/1 žlica riževega vina ali suhega šerija
5 ml/1 čajna žlička sezamovega olja
5 ml/1 čajna žlička vinskega kisa
sveže mlet poper

Meso položite v skledo s sojino omako in omako iz ostrig ter pustite, da se marinira 30 minut. Segrejte olje in na njem popecite meso, da rahlo porjavi, nato pa ga vzemite iz ponve. Dodamo ingver in čili ter pražimo nekaj sekund. Dodamo zeleno in pražimo do polovice. Dodamo govedino, pekočo fižolovo omako in sol ter dobro premešamo. Dodajte vino ali šeri, sezamovo olje in kis ter pražite, dokler se meso ne zmehča in se sestavine dobro premešajo. Postrežemo jo posuto s poprom.

Začinjena mleta govedina

Nosite 4

90 ml/6 žlic arašidovega (arašidovega) olja.
450 g pustega govejega mesa, narezanega na trakove
50 g/2 oz paste iz čilijevega fižola
sveže mlet poper
15 ml/1 žlica mlete korenine ingverja
30 ml/2 žlici riževega vina ali suhega šerija
225 g/8 oz zelene, narezane na kocke
30 ml/2 žlici sojine omake
5 ml/1 čajna žlička sladkorja
5 ml/1 čajna žlička vinskega kisa

Segrejte olje in na njem prepražite meso, da porjavi. Dodamo pasto iz čili fižola in papriko ter pražimo 3 minute. Dodajte ingver, vino ali šeri in zeleno ter dobro premešajte. Dodamo sojino omako, sladkor in kis ter pražimo 2 minuti.

Marinirana govedina s špinačo

Nosite 4

450 g/lb puste govedine, narezane na tanke rezine

45 ml/3 žlice riževega vina ali suhega šerija

15 ml/1 žlica sojine omake

5 ml/1 čajna žlička sladkorja

2,5 ml/¬Ω žlička sezamovega olja

450 g/lb špinače

45 ml/3 žlice arašidovega (arašidovega) olja.

2 rezini ingverjeve korenine, sesekljane

30 ml/2 žlici goveje juhe

5 ml/1 čajna žlička koruzne moke (koruznega škroba)

Meso rahlo sploščimo s pritiskom s prsti. Vmešajte vino ali šeri, sojino omako, šeri in sezamovo olje. Dodajte goveje meso, pokrijte in pustite v hladilniku 2 uri, občasno premešajte. Liste špinače narežemo na večje kose, stebla pa na debele rezine. Segrejte 30 ml/2 žlici olja in pražite špinačo in ingverjeva stebla 2 minuti. Odstranite iz pekača.

Segrejte preostalo olje. Govedino odcedimo, marinado pa pustimo. V ponev dodamo polovico mesa, tako da rezine razmaknemo, da se ne prekrivajo. Pečemo jih približno 3 minute, da na obeh straneh rahlo porjavijo. Odstranite iz ponve in prepražite preostalo govedino, nato pa jo odstranite iz ponve. Zmešajte juho in koruzni škrob z marinado. Mešanico dodajte v ponev in zavrite. Dodajte špinačne liste, stebla in ingver. Kuhamo približno 3 minute, da špinača oveni, nato dodamo meso. Kuhajte še eno minuto, nato pa takoj postrezite.

Goveji črni fižol z mlado čebulo

Nosite 4

225 g/8 oz puste govedine, narezane na tanke rezine
1 jajce, rahlo stepeno
5 ml/1 čajna žlička svetle sojine omake
2,5 ml/½ čajna žlička riževega vina ali suhega šerija
2,5 ml/½ čajna žlička koruznega zdroba (koruznega škroba)
250 ml/8 fl oz/1 skodelica arašidovega olja (arašidi).
2 stroka česna, nasekljana
30 ml/2 žlici omake iz črnega fižola
15 ml/1 žlica vode
6 mladih čebul (čebula), prerezanih diagonalno
2 rezini ingverjeve korenine, sesekljane

Meso zmešajte z jajcem, sojino omako, vinom ali šerijem in koruznim škrobom. Pustimo počivati 10 minut. Segrejte olje in na njem prepražite meso skoraj do kuhanja. Odstranite iz ponve in dobro odcedite. Vlijemo vse razen 15 ml/1 žlico olja, segrejemo in nato 30 sekund dušimo česen in omako iz črnega fižola. Dodamo meso in vodo ter pražimo približno 4 minute, da se meso zmehča.

Medtem segrejte še 15 ml/1 žlico olja in na kratko prepražite mlado čebulo in ingver. Meso prelijemo na segret krožnik, okrasimo z mlado čebulo in postrežemo.

Goveja pečenka z mlado čebulo

Nosite 4

45 ml/3 žlice arašidovega (arašidovega) olja.
225 g/8 oz puste govedine, narezane na tanke rezine
8 mladih čebulic (čebulice), narezanih
75 ml/5 žlic sojine omake
15 ml/1 žlica riževega vina ali suhega šerija
30 ml/2 žlici sezamovega olja

Segrejte olje in na njem prepražite meso in čebulo, da rahlo porjavi. Dodamo sojino omako in vino ali šeri ter pražimo toliko časa, da je meso pečeno po vaših željah. Pred serviranjem vmešajte sezamovo olje.

Govedina in mlada čebula z ribjo omako

Nosite 4

350 g/12 oz puste govedine, narezane na tanke rezine
15 ml/1 žlica koruzne moke (koruznega škroba)
15 ml/1 žlica vode
2,5 ml/½ čajna žlička riževega vina ali suhega šerija
ščepec natrijevega bikarbonata (sode bikarbone)
ščepec soli
45 ml/3 žlice arašidovega (arašidovega) olja.
6 mladih čebul (čebulic), narezanih na 5 cm/2 kosov
2 stroka česna, nasekljana
2 rezini ingverja, sesekljan
5 ml/1 žlica ribje omake
2,5 ml/½ čajna žlička omake iz ostrig

Meso 1 uro mariniramo v koruznem škrobu, vodi, vinu ali šeriju, sodi bikarboni in soli. Segrejte 30 ml/2 žlici olja in prepražite meso s polovico mlade čebule, polovico česna in ingverjem, da dobro porjavi. Medtem segrejte preostalo olje in preostalo mlado čebulo, česen in ingver prepražite z ribjo omako in ostrigino omako do mehkega. Oboje zmešajte in pred serviranjem ponovno segrejte.

Dušeno goveje meso

Nosite 4

450 g/lb puste govedine, narezane na rezine
5 ml/1 čajna žlička koruzne moke (koruznega škroba)
2 rezini ingverjeve korenine, sesekljane
15 ml/1 žlica sojine omake
15 ml/1 žlica riževega vina ali suhega šerija
2,5 ml/¬Ω čajne žličke soli
2,5 ml/¬Ω čajna žlička sladkorja
15 ml/1 žlica arašidovega olja (arašidov).
2 mladi čebuli (čebulice), sesekljani
15 ml/1 žlica sesekljanega ploščatega peteršilja

Meso damo v skledo. Zmešajte koruzni zdrob, ingver, sojino omako, vino ali šeri, sol in sladkor ter vmešajte v meso. Pustite stati 30 minut in občasno premešajte. Rezine govedine razporedimo po plitkem pekaču in jih potresemo z oljem in mlado čebulo. Na žaru nad vrelo vodo kuhamo približno 40 minut, dokler meso ni pečeno. Postrežemo jo posuto s peteršiljem.

Goveji golaž

Nosite 4

15 ml/1 žlica arašidovega olja (arašidov).

1 strok česna, strt

1 rezina ingverjeve korenine, sesekljana

450 g/lb dušenega zrezka, narezanega na kocke

45 ml/3 žlice sojine omake

30 ml/2 žlici riževega vina ali suhega šerija

15 ml/1 žlica rjavega sladkorja

300 ml/¬Ω za/1¬° skodelice piščančje juhe

2 čebuli, narezani

2 korenčka, narezana na debelo

100 g sesekljanega zelja

Segrejemo olje s česnom in ingverjem ter pražimo toliko časa, da česen rahlo porjavi. Dodamo zrezek in pražimo 5 minut, da porjavi. Dodamo sojino omako, vino ali šeri in sladkor, pokrijemo in dušimo 10 minut. Prilijemo osnovo, zavremo, pokrijemo in pustimo vreti približno 30 minut. Dodamo čebulo, korenje in zelje, pokrijemo in kuhamo še 15 minut.

Dušeni prsi

Nosite 4

450 g/lb govejih prsi

45 ml/3 žlice arašidovega (arašidovega) olja.

3 mlade čebule (čebule), narezane na rezine

2 rezini ingverjeve korenine, sesekljane

1 strok česna, strt

120 ml/4 fl oz/¬Ω skodelice sojine omake

5 ml/1 čajna žlička sladkorja

45 ml/3 žlice riževega vina ali suhega šerija

3 rezine zvezdastega janeža

4 korenčki, narezani na kocke

225 g/8 oz bok choya

15 ml/1 žlica koruzne moke (koruznega škroba)

45 ml/3 žlice vode

Meso damo v ponev in samo pokrijemo z vodo. Zavremo, pokrijemo in pustimo vreti približno 1 Ω uro, dokler se meso ne zmehča. Odstranite iz ponve in dobro odcedite. Narežite na 1 cm/1 cm velike kocke in rezervirajte 250 ml/8 fl oz/1 skodelico juhe.

Segrejte olje in na njem nekaj sekund pražite mlado čebulo, ingver in česen. Dodajte sojino omako, sladkor, vino ali šeri in zvezdasti janež ter dobro premešajte. Dodajte goveje meso in prihranjeno osnovo. Zavremo, pokrijemo in pustimo vreti 20 minut. Medtem kuhajte bok choy v vreli vodi, dokler se ne zmehča. Meso in zelenjavo prestavimo v segret servirni krožnik. Koruzni zdrob in vodo zmešamo v pasto, zmešamo z omako in med mešanjem kuhamo toliko časa, da se omaka zbistri in zgosti. Prelijemo po govedini in postrežemo z bok choy.

Pečena govedina

Nosite 4

225 g/8 oz puste govedine
45 ml/3 žlice arašidovega (arašidovega) olja.
1 rezina ingverjeve korenine, sesekljana
2 stroka česna, nasekljana
2 mladi čebuli (čebulice), sesekljani
50 g narezanih gob
1 rdeča paprika, narezana
225 g cvetov cvetače
50g/2oz snežnega graha (grah)

30 ml/2 žlici sojine omake
15 ml/1 žlica koruzne moke (koruznega škroba)
15 ml/1 žlica riževega vina ali suhega šerija
120 ml/4 fl oz/¬Ω skodelice goveje juhe

Meso narežite na tanke rezine glede na vlakna. Segrejte polovico olja in na njem prepražite ingver, česen in mlado čebulo, da rahlo porjavijo. Dodamo goveje meso in pražimo, dokler ne porjavi, nato ga odstranimo iz ponve. Segrejte preostalo olje in prepražite zelenjavo, dokler ni prekrita z oljem. Prilijemo osnovo, zavremo, pokrijemo in kuhamo toliko časa, da se zelenjava zmehča, a še hrustlja. Zmešajte sojino omako, koruzni zdrob in vino ali šeri ter premešajte v ponev. Med mešanjem kuhajte, dokler se omaka ne zgosti.

Steak Strips

Nosite 4

450 g/1 lb ramsteka
120 ml/4 fl oz/¬Ω skodelice sojine omake
120 ml/4 fl oz/¬Ω skodelice piščančje juhe
1 cm/¬Ω na rezino ingverjeve korenine
2 stroka česna, nasekljana
30 ml/2 žlici riževega vina ali suhega šerija
15 ml/1 žlica rjavega sladkorja
15 ml/1 žlica arašidovega olja (arašidov).

Zrezek ohladite v zamrzovalniku, nato pa ga narežite na dolge tanke rezine. Zmešajte vse ostale sestavine in v mešanici marinirajte zrezek približno 6 ur. Zrezek nataknite na namočena lesena nabodala in ga nekaj minut pecite na žaru, dokler ni pečen po vaših željah, občasno ga premažite z marinado.

Dušena govedina s sladkim krompirjem

Nosite 4

450 g/lb puste govedine, narezane na tanke rezine
15 ml/1 žlica omake iz črnega fižola
15 ml/1 žlica sladke fižolove omake
15 ml/1 žlica sojine omake
5 ml/1 čajna žlička sladkorja
2 rezini ingverjeve korenine, sesekljane
2 sladka krompirja, narezana na kocke
30 ml/2 žlici arašidovega (arašidovega) olja.
100 g/4 oz krušnih drobtin
15 ml/1 žlica sezamovega olja
3 mlade čebule (čebula), drobno sesekljane

Meso dajte v skledo s fižolovimi omakami, sojino omako, sladkorjem in ingverjem ter pustite, da se marinira 30 minut. Odstranite goveje meso iz marinade in dodajte sladki krompir. Pustimo počivati 20 minut. Krompir razporedite po dnu majhne bambusove sopare. Meso povaljamo v drobtinah in položimo na krompir. Pokrijte in kuhajte nad vrelo vodo 40 minut.

Segrejte sezamovo olje in na njem nekaj sekund pražite mlado čebulo. Prelijemo po mesu in postrežemo.

Goveji file

Nosite 4

450 g/lb puste govedine
45 ml/3 žlice riževega vina ali suhega šerija
15 ml/1 žlica sojine omake
10 ml/2 žlici ostrigine omake
5 ml/1 čajna žlička sladkorja
5 ml/1 čajna žlička koruzne moke (koruznega škroba)
2,5 ml/¬Ω čajna žlička natrijevega bikarbonata (natrijev bikarbonat)
ščepec soli
1 strok česna, strt
30 ml/2 žlici arašidovega (arašidovega) olja.
2 čebuli, narezani na tanke rezine

Meso počez narežemo na tanke rezine. Zmešajte vino ali šeri, sojino omako, omako iz ostrig, sladkor, pinjenec, sodo bikarbono, sol in česen. Meso premešamo, pokrijemo in pustimo v hladilniku vsaj 3 ure. Segrejte olje in pražite čebulo približno 5 minut, da porjavi. Prestavimo na segret krožnik in pustimo na toplem. V vok dodajte nekaj mesa, tako da rezine razmaknete tako, da se ne prekrivajo. Na vsaki strani pražimo približno 3 minute, da porjavi, nato po vrhu razporedimo čebulo in še naprej pražimo preostalo meso.

Pečen goveji kruh

Nosite 4

4 rezine pustega govejega mesa
1 stepeno jajce
50 g/2 oz/¬Ω skodelice orehov, sesekljanih
4 rezine kruha
praženo olje

Rezine govejega mesa sploščimo in jih dobro premažemo z jajcem. Potresemo z orehi in na vrh položimo rezino kruha. Segrejte olje in pražite goveje in kruhove rezine približno 2 minuti. Odstranite iz olja in pustite, da se ohladi. Segrejemo olje in ponovno pražimo do zlato rjave barve.

Goveji tofu Čili Tofu

Nosite 4

225 g/8 oz puste govedine, mlete
1 beljak
2,5 ml/½ žlička sezamovega olja
5 ml/1 čajna žlička koruzne moke (koruznega škroba)
ščepec soli
250 ml/8 fl oz/1 skodelica arašidovega olja (arašidi).
100 g/4 oz suhega tofuja, narezanega na trakove
5 rdečih čilijev, narezanih na trakove
15 ml/1 žlica vode
1 rezina ingverjeve korenine, sesekljana
10 ml/2 žlički sojine omake

Goveje meso zmešamo z beljakom, polovico sezamovega olja, koruznim škrobom in soljo. Segrejte olje in na njem prepražite meso skoraj do kuhanja. Odstranite iz pekača. V ponev dodamo tofu in pražimo 2 minuti, nato ga odstranimo iz ponve. Dodamo čili in pražimo 1 minuto. Tofu vrnite v ponev z vodo, ingverjem in sojino omako ter dobro premešajte. Dodamo meso in pražimo, dokler ni dobro homogeno. Postrežemo poškropljeno s preostalim sezamovim oljem.

Govedina s paradižnikom

Nosite 4

30 ml/2 žlici arašidovega (arašidovega) olja.
3 mlade čebule (čebula), narezane na majhne koščke
225 g/8 oz puste govedine, narezane na trakove
60 ml/4 žlice goveje juhe
15 ml/1 žlica koruzne moke (koruznega škroba)
45 ml/3 žlice vode
4 paradižnike, olupljene in na četrtine narezane

Segrejte olje in na njem prepražite mlado čebulo do mehkega. Dodajte goveje meso in pražite, dokler ne porjavi. Prilijemo osnovo, zavremo, pokrijemo in pustimo vreti 2 minuti. Zmešajte koruzni zdrob in vodo, premešajte v ponvi in med mešanjem kuhajte, dokler se omaka ne zgosti. Vmešajte paradižnik in kuhajte, dokler se ne segreje.

Rdeča govedina, kuhana z repo

Nosite 4

450 g/lb puste govedine
1 rezina ingverjeve korenine, sesekljana
1 mlada čebula (čebula), sesekljana 120 ml/4 fl oz/¬Ω skodelice
riževega vina ali suhega šerija
250 ml/8 fl oz/1 skodelica vode
2 rezini zvezdastega janeža
1 majhna repa, narezana na kocke
120 ml/4 fl oz/¬Ω skodelice sojine omake
15 ml/1 žlica sladkorja

V ponev z debelim dnom dajte govedino, ingver, mlado čebulo, vino ali šeri, vodo in janež, zavrite, pokrijte in pustite vreti 45 minut. Dodamo repo, sojino omako in sladkor ter po potrebi malo vode, ponovno zavremo, pokrijemo in dušimo še 45 minut, da se meso zmehča. Pustite, da se ohladi. Odstranite govedino in repo iz omake. Goveje meso narežemo in ga skupaj z repo razporedimo po servirnem krožniku. Precedite čez omako in postrezite hladno.

Govedina z zelenjavo

Nosite 4

225 g/8 oz puste govedine
15 ml/1 žlica koruzne moke (koruznega škroba)
15 ml/1 žlica sojine omake
15 ml/1 žlica riževega vina ali suhega šerija
2,5 ml/½ čajna žlička sladkorja
45 ml/3 žlice arašidovega (arašidovega) olja.
1 rezina ingverjeve korenine, sesekljana
2,5 ml/½ čajne žličke soli
100 g čebule, narezane na rezine
2 palčki zelene, narezani na rezine
1 rdeča paprika, narezana
100 g bambusovih poganjkov, narezanih na rezine
100 g/4 oz narezanega korenja
120 ml/4 fl oz/½ skodelice goveje juhe

Goveje meso narežite na tanke rezine in ga položite v skledo. Zmešajte koruzno moko, sojino omako, vino ali šeri in sladkor, prelijte po govejem mesu in premešajte. Pustite počivati 30 minut, občasno obrnite. Segrejte polovico olja in goveje meso prepražite, dokler ne porjavi, nato ga odstranite iz ponve. Segrejte preostalo olje, dodajte ingver in sol, nato dodajte zelenjavo in jo pražite, dokler ni pokrita z oljem. Prilijemo osnovo, zavremo, pokrijemo in kuhamo toliko časa, da se zelenjava zmehča, a še hrustlja. Goveje meso vrnite v ponev in na nizkem ognju mešajte približno 1 minuto, da se ogreje.

Goveji golaž

Nosite 4

350 g/12 oz goveja zvitka

30 ml/2 žlici sladkorja

30 ml/2 žlici riževega vina ali suhega šerija

30 ml/2 žlici sojine omake

5 ml/1 čajna žlička cimeta

2 mladi čebuli (čebulice), sesekljani

1 rezina ingverjeve korenine, sesekljana

45 ml/3 žlice sezamovega olja

Zavremo lonec z vodo, dodamo govedino, vodo ponovno zavremo in na hitro zavremo, da se govedina zapre. Odstranite iz pekača. Goveje meso položite v čisto ponev in dodajte vse ostale sestavine, pri čemer prihranite 15 ml/1 žlico sezamovega olja. Ponev napolnite s toliko vode, da pokrije meso, zavrite, pokrijte in pustite lahno vreti približno 1 uro, dokler se meso ne zmehča. Pred serviranjem pokapajte s preostalim sezamovim oljem.

Polnjen zrezek

Del 4-6

675 g/1¬Ω lb ramstek v enem kosu

60 ml/4 žlice vinskega kisa

30 ml/2 žlici sladkorja

10 ml/2 žlički sojine omake

2,5 ml/¬Ω čajna žlička sveže mletega popra

2,5 ml/¬Ω čajna žlička celih nageljnovih žbic

5 ml/1 čajna žlička mletega cimeta

1 lovorjev list, zdrobljen

225 g/8 oz kuhanega dolgozrnatega riža

5 ml/1 čajna žlička sesekljanega svežega peteršilja

ščepec soli

30 ml/2 žlici arašidovega (arašidovega) olja.

30 ml/2 žlici masti

1 čebula, narezana

Zrezek položite v večjo skledo. V kozici zavremo vinski kis, sladkor, sojino omako, poper, nageljnove žbice, cimet in lovorjev list ter pustimo, da se ohladi. Prelijemo zrezek, pokrijemo in čez noč mariniramo v hladilniku, občasno obrnemo.

Zmešajte riž, peteršilj, sol in olje. Meso odcedimo in zmes razporedimo po zrezku, zvijemo in zavežemo z vrvico. Mast stopimo, dodamo čebulo in zrezek ter pražimo z vseh strani, da porjavi. Zalijemo s toliko vode, da skoraj prekrije zrezek, pokrijemo in dušimo 1 Ω uro oziroma dokler se meso ne zmehča.

Goveji cmoki

Nosite 4

450 g/1 lb navadne moke (za vse namene).

1 zavitek kvasa za enostavno mešanje

10 ml/2 žlički granuliranega sladkorja

5 ml/1 čajna žlička soli

300 ml/¬Ω za/1¬° skodelico mleka ali vroče vode

30 ml/2 žlici arašidovega (arašidovega) olja.

225 g/8 oz mlete govedine (mlete).

1 čebula, sesekljana

2 kosa stebla ingverja, nasekljana

50 g indijskih oreščkov, sesekljanih

2,5 ml/¬Ω čajna žlička petih začimb v prahu

15 ml/1 žlica sojine omake

30 ml/2 žlici hoisin omake

2,5 ml/¬Ω čajne žličke vinskega kisa

15 ml/1 žlica koruzne moke (koruznega škroba)

45 ml/3 žlice vode

Moko, kvas, sladkor, sol in toplo mleko ali vodo zmešamo in zgnetemo gladko testo. Pokrijemo in pustimo vzhajati na toplem 45 minut. Segrejte olje in na njem prepražite meso, da rahlo porjavi. Dodajte čebulo, ingver, indijske oreščke, pet začimb v prahu, sojino omako, omako hoisin in vinski kis ter zavrite. Zmešajte koruzni zdrob in vodo, vmešajte v omako in kuhajte 2 minuti. Pustite, da se ohladi. Iz testa oblikujemo 16 kroglic. Poravnamo, v vsako vlijemo malo nadeva in testo okoli nadeva zapremo. Postavite v parno košarico v vok ali ponev, pokrijte in kuhajte v slani vodi približno 30 minut.

Hrustljave mesne kroglice

Nosite 4

225 g/8 oz mlete govedine (mlete).
100 g sesekljanega vodnega kostanja
2 stepena jajca
5 ml/1 žlička naribane pomarančne lupinice
5 ml/1 žlica mlete korenine ingverja
5 ml/1 čajna žlička soli
15 ml/1 žlica koruzne moke (koruznega škroba)
225 g/8 oz/2 skodelici navadne moke (za vse namene).
5 ml/1 čajna žlička pecilnega praška
300 ml/¬Ω za/1¬Ω skodelice vode

15 ml/1 žlica arašidovega olja (arašidov).

praženo olje

Zmešajte govedino, vodni kostanj, 1 jajce, pomarančno lupinico, ingver, sol in koruzni škrob. Oblikujte majhne kroglice. V skledo postavite v soparnik nad vrelo vodo in kuhajte na pari približno 20 minut, dokler ni kuhan. Pustite, da se ohladi.

Zmešajte moko, pecilni prašek, preostalo jajce, vodo in arašidovo olje, da dobite gosto testo. Mesne kroglice pomočite v testo. Segrejte olje in pecite mesne kroglice do zlato rjave barve.

Mleta govedina z indijskimi oreščki

Nosite 4

450 g/1 lb govejega mesa (mleta).
¬Ω jajčni beljak
5 ml/1 čajna žlička ostrigine omake
5 ml/1 čajna žlička svetle sojine omake
nekaj kapljic sezamovega olja
25 g/1 oz svežega peteršilja, sesekljanega
45 ml/3 žlice arašidovega (arašidovega) olja.
25 g/1 oz/¬° skodelice indijskih oreščkov, sesekljanih
15 ml/1 žlica goveje juhe
4 veliki listi zelene solate

Goveje meso zmešajte z beljakom, ostrigino omako, sojino omako, sezamovim oljem in peteršiljem ter pustite stati. Segrejte polovico olja in prepražite indijske oreščke, da rahlo porjavijo, nato jih odstranite iz ponve. Segrejte preostalo olje in prepražite mesno mešanico, da porjavi. Prilijemo juho in pražimo še toliko časa, da skoraj vsa tekočina izhlapi. Solatne liste razporedimo po segretem krožniku in prelijemo po mesu. Postrežemo jo posuto s praženimi indijskimi oreščki

Govedina v rdeči omaki

Nosite 4

60 ml/4 žlice arašidovega olja (arašidov).
450 g/1 lb govejega mesa (mleta).
1 čebula, sesekljana
1 rdeča paprika, sesekljana
1 zelena paprika, sesekljana
2 rezini ananasa, sesekljan
45 ml/3 žlice sojine omake
45 ml/3 žlice suhega belega vina
30 ml/2 žlici vinskega kisa
30 ml/2 žlici medu
300 ml/¬Ω za/1¬° skodelice goveje juhe
sol in sveže mlet poper
nekaj kapljic olja pekoče paprike

Segrejte olje in na njem prepražite meso, da rahlo porjavi. Dodajte zelenjavo in ananas ter pražite 3 minute. Dodajte sojino omako, vino, vinski kis, med in osnovo. Zavremo, pokrijemo in pustimo vreti 30 minut, dokler ni kuhano. Po okusu začinimo s soljo, poprom in feferonovim oljem.

Goveje mesne kroglice z lepljivim rižem

Nosite 4

225 g/8 oz lepljivega riža
450 g/1 lb pustega govejega mesa, mletega
1 rezina ingverjeve korenine, sesekljana
1 majhna čebula, sesekljana
1 jajce, rahlo stepeno
15 ml/1 žlica sojine omake
2,5 ml/¬Ω čajna žlička koruznega zdroba (koruznega škroba)
2,5 ml/¬Ω čajna žlička sladkorja
2,5 ml/¬Ω čajne žličke soli
5 ml/1 čajna žlička riževega vina ali suhega šerija

Riž namakamo 30 minut, nato ga odcedimo in razporedimo po krožniku. Zmešajte govedino, ingver, čebulo, jajce, sojino omako, olje, sladkor, sol in vino ali šeri. Oblikujte kroglice v velikosti oreha. Polpete povaljamo v rižu, da jih popolnoma prekrijemo, nato pa jih razporedimo po plitkem pekaču, med njimi pa naredimo razmake. Kuhamo na žaru nad vrelo vodo 30 minut. Postrežejo ga s sojino omako in kitajsko gorčično omako.

Mesne kroglice s sladko kislo omako

Nosite 4

450 g/1 lb govejega mesa (mleta).
1 čebula, drobno sesekljana
25 g/1 oz vodnega kostanja, drobno sesekljanega
15 ml/1 žlica sojine omake
15 ml/1 žlica riževega vina ali suhega šerija
1 stepeno jajce
100 g/4 oz/¬Ω skodelice koruznega zdroba (koruznega škroba)
praženo olje

Za omako:

15 ml/1 žlica arašidovega olja (arašidov).
1 zelena paprika, narezana na kocke
100 g koščkov ananasa v sirupu
100 g/4 oz mešanih kitajskih sladkih kumaric
100 g/4 oz/¬Ω skodelice rjavega sladkorja
120 ml/4 fl oz/¬Ω skodelice piščančje juhe
60 ml/4 žlice vinskega kisa
15 ml/1 žlica paradižnikove mezge (pasta)
15 ml/1 žlica koruzne moke (koruznega škroba)
15 ml/1 žlica sojine omake
sol in sveže mlet poper

45 ml/3 žlice naribanega kokosa

Primešajte govedino, čebulo, vodni kostanj, sojino omako in vino ali šeri. Oblikujte kroglice in jih povaljajte v stepenem jajcu in nato v koruznem škrobu. Na vročem olju pražimo nekaj minut, da porjavijo. Prestavimo na segret krožnik in pustimo na toplem.

Medtem segrejemo olje in pražimo papriko 2 minuti. Dodajte 30 ml/2 žlici ananasovega sirupa, 15 ml/1 žlico kisa iz kislih kumaric, sladkor, osnovo, vinski kis, paradižnikovo mezgo, olje in sojino omako. Dobro premešamo, zavremo in med mešanjem kuhamo toliko časa, da se zmes zbistri in zgosti. Preostali ananas in kisle kumarice odcedimo in dodamo v ponev. Med mešanjem kuhajte 2 minuti. Prelijemo čez mesne kroglice in postrežemo posute s kokosom.

Dušen mesni puding

Nosite 4

6 posušenih kitajskih gob
225 g/8 oz mlete govedine (mlete).
225 g/8 oz mlete (mlete) svinjine.
1 čebula, narezana na kocke
20 ml/2 žlici mangovega čatnija
30 ml/2 žlici hoisin omake
30 ml/2 žlici sojine omake
5 ml/1 čajna žlička petih začimb v prahu
1 strok česna, strt
5 ml/1 čajna žlička soli
1 stepeno jajce
45 ml/3 žlice koruzne moke (koruzni škrob)
60 ml/4 žlice sesekljanega drobnjaka
10 zeljnih listov
300 ml/¬Ω za/1¬° skodelice goveje juhe

Gobe za 30 minut namočimo v topli vodi, nato jih odcedimo. Zavrzite pokrovčke in jih odrežite. Zmešajte mleto govedino, čebulo, čatni, hoisin omako, sojino omako, pet začimb v prahu in česen ter začinite s soljo. Dodamo jajce in koruzni škrob ter vmešamo drobnjak. Košaro soparnika obložimo z zeljnimi listi.

Mleto meso oblikujte v obliko torte in ga položite na liste. Pokrito dušimo nad govejo osnovo na majhnem ognju 30 minut.

Parjeno mleto meso

Nosite 4

450 g/1 lb govejega mesa (mleta).
2 čebuli, drobno sesekljani
100 g vodnega kostanja, finega
mleto
60 ml/4 žlice sojine omake
60 ml/4 žlice riževega vina ali suhega šerija
sol in sveže mlet poper

Vse sestavine zmešamo, po okusu začinimo s soljo in poprom. Stisnite v majhno toplotno odporno skledo in postavite v soparnik nad vrelo vodo. Pokrijte in kuhajte na pari približno 20 minut, dokler meso ni pečeno in jed ustvari svojo okusno omako.

Mleta govedina z omako iz ostrig

Nosite 4

30 ml/2 žlici arašidovega (arašidovega) olja.

2 stroka česna, nasekljana

225 g/8 oz mlete govedine (mlete).

1 čebula, sesekljana

50 g sesekljanega vodnega kostanja

50 g/2 oz bambusovih poganjkov, narezanih

15 ml/1 žlica sojine omake

30 ml/2 žlici riževega vina ali suhega šerija

15 ml/1 žlica ostrigine omake

Segrejte olje in prepražite česen, da rahlo porjavi. Dodajte goveje meso in mešajte, dokler ne porjavi z vseh strani. Dodamo čebulo, vodni kostanj in bambusove poganjke ter pražimo 2 minuti. Dodamo sojino omako in vino ali šeri, pokrijemo in dušimo 4 minute.

Goveje zvitke

Nosite 4

350 g/12 oz mlete govedine (mlete).
1 stepeno jajce
5 ml/1 čajna žlička koruzne moke (koruznega škroba)
5 ml/1 čajna žlička arašidovega olja (arašidov).
sol in sveže mlet poper
4 mlade čebule (čebule), sesekljane
8 paketov olja za spomladanske zavitke za cvrtje

Zmešajte govedino, jajce, koruzni škrob, olje, sol, poper in mlado čebulo. Pustimo počivati 1 uro. Mešanico vlijemo v vsak zavitek spomladanskih zvitkov, prepognemo čez dno, prepognemo ob straneh in nato zvijemo liste, robove zapremo z malo vode. Segrejte olje in pecite zvitke do zlato rjave in pečene. Pred serviranjem dobro odcedimo.

Goveje in špinačne polpete

Nosite 4

450 g/1 lb govejega mesa (mleta).
1 jajce
100 g/4 oz krušnih drobtin
60 ml / 4 žlice vode
15 ml/1 žlica koruzne moke (koruznega škroba)
2,5 ml/¬Ω čajne žličke soli
15 ml/1 žlica riževega vina ali suhega šerija
30 ml/2 žlici arašidovega (arašidovega) olja.
45 ml/3 žlice sojine omake
120 ml/4 fl oz/¬Ω skodelice goveje juhe
350 g/12 oz špinače, sesekljane

Zmešajte govedino, jajce, drobtine, vodo, smetano, sol in vino ali šeri. Oblikujte kroglice v velikosti oreha. Segrejte olje in pecite mesne kroglice, da porjavijo z vseh strani. Odstranite iz ponve in odcedite odvečno olje. V ponev dodajte sojino omako in osnovo ter obrnite mesne kroglice. Zavremo, pokrijemo in med občasnim obračanjem pustimo vreti 30 minut. Špinačo dušite v ločeni ponvi, dokler se ne zmehča, nato jo vmešajte v meso in segrejte.

Ocvrta govedina s tofujem

Nosite 4

20 ml/4 žlice koruzne moke (koruzni škrob)
10 ml/2 žlički sojine omake
10 ml/2 žlički riževega vina ali suhega šerija
225 g/8 oz mlete govedine (mlete).
2,5 ml/¬Ω čajna žlička sladkorja
30 ml/2 žlici arašidovega (arašidovega) olja.
2,5 ml/¬Ω čajne žličke soli
1 strok česna, strt
120 ml/4 fl oz/¬Ω skodelice goveje juhe
225 g/8 oz tofuja, narezanega na kocke
2 mladi čebuli (čebulice), sesekljani
sveže mlet poper v prahu

Vmešajte polovico koruznega zdroba, polovico sojine omake in polovico vina ali šerija. Dodamo k mesu in dobro premešamo. Segrejte olje in na njem nekaj sekund pražite sol in česen. Dodajte goveje meso in pražite, dokler ne porjavi. Primešamo juho in zavremo. Dodamo tofu, pokrijemo in kuhamo 2 minuti. Zmešajte preostalo koruzno moko, sojino omako in vino ali šeri, dodajte v ponev in med mešanjem kuhajte, dokler se omaka ne zgosti.

Jagnjetina s šparglji

Nosite 4

350 g/12 oz špargljev

450 g/lb puste jagnjetine

45 ml/3 žlice arašidovega (arašidovega) olja.

sol in sveže mlet poper

2 stroka česna, nasekljana

250 ml/8 fl oz/1 skodelica juhe

1 paradižnik, olupljen in narezan na rezine

15 ml/1 žlica koruzne moke (koruznega škroba)

45 ml/3 žlice vode

15 ml/1 žlica sojine omake

Šparglje narežemo na diagonalne kose in jih damo v sklede. Prelijemo z vrelo vodo in pustimo stati 2 minuti, nato odcedimo. Jagnjetino narežite na tanke rezine. Segrejemo olje in pražimo jagnjetino, da se rahlo obarva. Solimo, popramo in dodamo česen ter pražimo 5 minut. Dodamo šparglje, juho in paradižnik, zavremo, pokrijemo in kuhamo 2 minuti. Koruzni zdrob, vodo in sojino omako zmešamo v pasto, stresemo v ponev in med mešanjem kuhamo, dokler se omaka ne zbistri in zgosti.

stojalo jagnjetine

Nosite 4

450 g/lb puste jagnjetine, narezane na trakove
120 ml/4 fl oz/¬Ω skodelice sojine omake
120 ml/4 fl oz/¬Ω skodelice riževega vina ali suhega šerija
1 strok česna, strt
3 mlade čebule (čebule), sesekljane
5 ml/1 čajna žlička sezamovega olja
sol in sveže mlet poper

Jagnjetino položite v skledo. Zmešajte ostale sestavine, prelijte jagnjetino in pustite marinirati 1 uro. Pecite na žaru (pečete) na vročem oglju, dokler jagnjetina ni pečena, po potrebi polijte z omako.

Jagnjetina s stročjim fižolom

Nosite 4

450 g stročjega fižola, narezanega na trakove julienne
45 ml/3 žlice arašidovega (arašidovega) olja.
450 g/lb puste jagnjetine, narezane na tanke rezine
250 ml/8 fl oz/1 skodelica juhe
5 ml/1 čajna žlička soli
2,5 ml/¬Ω čajna žlička sveže mletega popra
15 ml/1 žlica koruzne moke (koruznega škroba)
5 ml/1 čajna žlička sojine omake
75 ml/5 žlic vode

Fižol kuhamo v vreli vodi 3 minute, nato ga dobro odcedimo. Segrejte olje in na njem popecite meso z vseh strani, da rahlo porjavi. Prilijemo osnovo, zavremo, pokrijemo in pustimo vreti 5 minut. Dodamo fižol, solimo in popramo, pokrijemo in kuhamo 4 minute, da se meso skuha. Koruzno moko, sojino omako in vodo zmešajte v pasto, dodajte v ponev in med mešanjem kuhajte, dokler se omaka ne zbistri in zgosti.

kuhana jagnjetina

Nosite 4

450 g jagnječjega hrbta brez kosti, narezanega na kocke
15 ml/1 žlica arašidovega olja (arašidov).
4 mlade čebule (glava čebula), narezane na rezine
10 ml/2 žlički naribane korenine ingverja
200 ml/¬Ω za/1¬° skodelice piščančje juhe
30 ml/2 žlici sladkorja
30 ml/2 žlici sojine omake
15 ml/1 žlica hoisin omake
15 ml/1 žlica riževega vina ali suhega šerija
5 ml/1 čajna žlička sezamovega olja

Jagnjetino kuhamo v vreli vodi 5 minut, nato jo odcedimo. Segrejte olje in pražite jagnjetino približno 5 minut, da porjavi. Odstranite iz ponve in odcedite na kuhinjskem papirju. Iz ponve odstranite vse razen 15 ml/1 žlico olja. Segrejte olje in na njem 2 minuti pražite mlado čebulo in ingver. Meso vrnemo v ponev k ostalim sestavinam. Zavremo, pokrijemo in pustimo vreti 1 Ω uro, da se meso zmehča.

Jagnjetina z brokolijem

Nosite 4

75 ml/5 žlic arašidovega olja (arašidov).
1 strok česna, strt
450 g/lb jagnjetine, narezane na trakove
450 g cvetov brokolija
250 ml/8 fl oz/1 skodelica juhe
5 ml/1 čajna žlička soli
2,5 ml/¬Ω čajna žlička sveže mletega popra
30 ml/2 žlici koruzne moke (koruzni škrob)
75 ml/5 žlic vode
5 ml/1 čajna žlička sojine omake

Segrejte olje in prepražite česen in jagnjetino do kuhanja. Dodamo brokoli in osnovo, zavremo, pokrijemo in dušimo približno 15 minut, da se brokoli zmehča. Začinimo s soljo in poprom. Koruzni zdrob, vodo in sojino omako zmešamo v pasto, stresemo v ponev in med mešanjem kuhamo, dokler se omaka ne zbistri in zgosti.

Jagnjetina z vodnim kostanjem

Nosite 4

350g/12oz puste jagnjetine, narezane na kose

15 ml/1 žlica arašidovega olja (arašidov).

2 mladi čebuli (čebulice), narezani

2 rezini ingverjeve korenine, sesekljane

2 rdeča čilija, sesekljana

600 ml/1 pt/2¬Ω skodelice za vodo

100 g repe, narezane na kocke

1 korenček, narezan na kocke

1 cimetova palčka

2 rezini zvezdastega janeža

2,5 ml/¬Ω čajna žlička sladkorja

15 ml/1 žlica sojine omake

15 ml/1 žlica riževega vina ali suhega šerija

100 g vodnega kostanja

15 ml/1 žlica koruzne moke (koruznega škroba)

45 ml/3 žlice vode

Jagnjetino kuhamo v vreli vodi 2 minuti, nato jo odcedimo. Segrejte olje in na njem 30 sekund pražite mlado čebulo, ingver in čili. Dodamo jagnjetino in pražimo, da je dobro prevlečena z začimbami. Dodajte preostale sestavine razen vodnega kostanja, koruznega zdroba in vode, zavrite, delno pokrijte in kuhajte, dokler se jagnjetina ne zmehča, približno 1 uro. Občasno preverite in po potrebi dolijte vrelo vodo. Odstranite cimet in janež, dodajte vodni kostanj in kuhajte nepokrito približno 5 minut. Koruzni zdrob in vodo zmešamo v pasto in malo vmešamo v omako. Med mešanjem kuhajte, dokler se omaka ne zgosti.

Jagnjetina z zeljem

Nosite 4

45 ml/3 žlice arašidovega (arašidovega) olja.
450 g/lb jagnjetine, narezane na tanke rezine
sol in sveže mlet črni poper
1 strok česna, strt
450 g/1 lb bok choya, nastrganega
120 ml/4 fl oz/¬Ω rezerve na skodelico
15 ml/1 žlica koruzne moke (koruznega škroba)
15 ml/1 žlica sojine omake
60 ml / 4 žlice vode

Segrejemo olje in na njem do rjave barve prepražimo jagnjetino, sol, poper in česen. Dodamo zelje in mešamo, dokler ni prevlečeno z oljem. Prilijemo osnovo, zavremo, pokrijemo in pustimo vreti 10 minut. Koruzno moko, sojino omako in vodo zmešamo v pasto, stresemo v ponev in med mešanjem kuhamo, dokler se omaka ne zbistri in zgosti.

Jagnjetina Chow Mein

Nosite 4

450 g testenin z jajcem
45 ml/3 žlice arašidovega (arašidovega) olja.
450 g/lb jagnjetine, narezane na rezine
1 čebula, narezana
1 narezano srce zelene
100 g gob
100 g fižolovih kalčkov
20 ml/2 žlici koruzne moke (koruzni škrob)
175 ml/6 fl oz/¬œ skodelice vode
sol in sveže mlet poper

Tagliatelle kuhamo v vreli vodi približno 8 minut, nato jih odcedimo. Segrejte olje in prepražite jagnjetino, da rahlo porjavi. Dodamo čebulo, zeleno, gobe in fižolove kalčke

pražimo 5 minut. Zmešajte koruzni zdrob in vodo, vlijte v ponev in zavrite. Med mešanjem kuhajte, dokler se omaka ne zgosti. Prelijemo čez rezance in takoj postrežemo.

jagnječji curry

Nosite 4

30 ml/2 žlici arašidovega (arašidovega) olja.
2 stroka česna, nasekljana
1 rezina ingverjeve korenine, sesekljana
450 g/lb puste jagnjetine, narezane na kocke
100 g na kocke narezanega krompirja
2 korenčka, narezana na kocke
15 ml/1 žlica karija
250 ml/8 fl oz/1 skodelica piščančje juhe
100 g narezanih gob

1 zelena paprika, narezana na kocke
50 g vodnega kostanja, narezanega

Segrejte olje in prepražite česen in ingver, da rahlo porjavita. Dodamo jagnjetino in pražimo 5 minut. Dodamo krompir in korenje ter pražimo 3 minute. Dodamo kari in pražimo 1 minuto. Prilijemo osnovo, zavremo, pokrijemo in pustimo vreti približno 25 minut. Dodamo gobe, poper in vodni kostanj ter kuhamo 5 minut. Če imate raje gostejšo omako, jo nekaj minut kuhajte, da se omaka zgosti, ali jo zgostite s 15 ml/1 žlico koruznega škroba, zmešanega z malo vode.

Dišeča jagnjetina

Nosite 4

30 ml/2 žlici arašidovega (arašidovega) olja.
450 g/lb puste jagnjetine, narezane na kocke
2 mladi čebuli (čebulice), sesekljani
1 strok česna, strt
1 rezina ingverjeve korenine, sesekljana
120 ml/4 fl oz/¬Ω skodelice sojine omake
15 ml/1 žlica riževega vina ali suhega šerija
15 ml/1 žlica rjavega sladkorja
2,5 ml/¬Ω čajne žličke soli
sveže mlet poper
300 ml/¬Ω za/1¬º skodelice vode

Olje segrejemo in jagnjetino rahlo popečemo. Dodamo mlado čebulo, česen in ingver ter pražimo 2 minuti. Dodamo sojino omako, vino ali šeri, sladkor in sol ter po okusu začinimo s poprom. Sestavine dobro premešamo. Dodamo vodo, zavremo, pokrijemo in pustimo vreti 2 uri.

Jagnječje kocke na žaru

Nosite 4

120 ml/4 fl oz/¬Ω skodelice arašidovega (arašidovega) olja.

60 ml/4 žlice vinskega kisa

2 stroka česna, nasekljana

15 ml/1 žlica sojine omake

5 ml/1 čajna žlička soli

2,5 ml/¬Ω čajna žlička sveže mletega popra

2,5 ml/¬Ω čajna žlička origana

450 g/lb puste jagnjetine, narezane na kocke

Vse sestavine zmešamo, pokrijemo in pustimo čez noč marinirati. Puščanje. Meso položite na rešetko (žar) in pecite približno 15 minut, večkrat obrnite, dokler se jagnjetina ne zmehča in rahlo zapeče.

Jagnjetina z mangetoutom

Nosite 4

2 stroka česna, nasekljana

2,5 ml/¬Ω čajne žličke soli

450 g/lb jagnjetine, narezane na kocke

30 ml/ 2 žlici koruzne moke (koruzni škrob)

30 ml/2 žlici arašidovega (arašidovega) olja.

450 g/1 lb snežnega graha (grah), na četrtine narezan

250 ml/8 fl oz/1 skodelica piščančje juhe

10 ml/2 žlički naribane limonine lupinice

30 ml/2 žlici medu

30 ml/2 žlici sojine omake

5 ml/1 čajna žlička mletega koriandra

5 ml/1 čajna žlička zmletih kuminovih semen

30 ml/2 žlici paradižnikove mezge (pasta)

30 ml/2 žlici vinskega kisa

Stresite česen in sol ter primešajte jagnjetini. Jagnjetino preložimo v ponvi. Segrejte olje in prepražite jagnjetino, dokler ni kuhana. Dodamo snežni grah in pražimo 2 minuti. Preostali koruzni zdrob zmešamo z osnovo in vlijemo v ponev k ostalim sestavinam. Med mešanjem zavrite in nato pustite vreti 3 minute.

Marinirana jagnjetina

Nosite 4

450 g/lb puste jagnjetine

2 stroka česna, nasekljana

5 ml/1 čajna žlička soli

120 ml/4 fl oz/¬Ω skodelice sojine omake
5 ml/1 čajna žlička soli zelene
praženo olje

Jagnjetino damo v lonec in zalijemo samo s hladno vodo. Dodamo česen in sol, zavremo, pokrijemo in dušimo 1 uro, dokler jagnjetina ni pečena. Odstranite iz ponve in odcedite. Jagnjetino damo v skledo, dodamo sojino omako in potresemo s soljo zelene. Pokrijte in marinirajte 2 uri ali čez noč. Jagnjetino narežemo na majhne koščke. Olje segrejemo in jagnjetino hrustljavo popečemo. Pred serviranjem dobro odcedimo.

Jagnjetina z gobami

Nosite 4

45 ml/3 žlice arašidovega (arašidovega) olja.
350 g/12 oz narezanih gob
100 g bambusovih poganjkov, narezanih na rezine
3 rezine ingverjeve korenine, sesekljane

450 g/lb jagnjetine, narezane na tanke rezine
250 ml/8 fl oz/1 skodelica juhe
15 ml/1 žlica koruzne moke (koruznega škroba)
15 ml/1 žlica sojine omake
60 ml / 4 žlice vode

Segrejte olje in na njem 3 minute pražite gobe, bambusove poganjke in ingver. Dodajte jagnjetino in kuhajte, dokler rahlo ne porjavi. Prilijemo osnovo, zavremo, pokrijemo in dušimo približno 30 minut, da se jagnjetina skuha in se omaka prepolovi. Zmešajte koruzni zdrob, sojino omako in vodo, premešajte v ponvi in med mešanjem kuhajte, dokler se omaka ne zbistri in zgosti.

Jagnjetina z omako iz ostrig

Nosite 4

30 ml/2 žlici arašidovega (arašidovega) olja.
1 strok česna, strt
1 rezina ingverja, drobno narezana

450 g/1 lb pustega mesa, narezanega
250 ml/8 fl oz/1 skodelica juhe
30 ml/2 žlici ostrigine omake
15 ml/1 žlica riževega vina ali šerija
5 ml/1 čajna žlička sladkorja

Segrejte olje s česnom in ingverjem ter prepražite do rjavega. Dodamo jagnjetino in pražimo približno 3 minute, da rahlo porjavi. Dodamo osnovo, ostrigovo omako, vino ali šeri in sladkor, med mešanjem zavremo, nato pokrijemo in med občasnim mešanjem dušimo približno 30 minut, dokler jagnjetina ni pečena. Odstranite pokrov in nadaljujte s kuhanjem, med mešanjem, približno 4 minute, dokler se omaka ne zmanjša in zgosti.

Rdeča kuhana jagnjetina

Nosite 4

30 ml/2 žlici arašidovega (arašidovega) olja.
Jagnječji kotleti 450 g/1 lb

250 ml/8 fl oz/1 skodelica piščančje juhe
1 čebula, narezana
120 ml/4 fl oz/½ skodelice sojine omake
5 ml/1 čajna žlička soli
1 rezina ingverjeve korenine, sesekljana

Segrejte olje in na njem na obeh straneh pecite kotlete, da porjavijo. Dodajte preostale sestavine, zavrite, pokrijte in pustite vreti približno 1½ ure, dokler se jagnjetina ne zmehča in omaka ne zredči.

Jagnjetina z mlado čebulo

Nosite 4

350 g/12 oz na kocke narezane puste jagnjetine
30 ml/2 žlici sojine omake
30 ml/2 žlici riževega vina ali suhega šerija
30 ml/2 žlici arašidovega (arašidovega) olja.

2 stroka česna, nasekljana
8 mladih čebul (čebulic), na debelo narezanih

Jagnjetino položite v skledo. Zmešajte 15 ml/1 žlico sojine omake, 15 ml/1 žlico vina ali šerija in 15 ml/1 žlico olja ter vmešajte v jagnjetino. Pustite, da se marinira 30 minut. Segrejte preostalo olje in prepražite česen do zlato rjave barve. Govedino odcedimo, dodamo v ponev in pražimo 3 minute. Dodamo mlado čebulo in pražimo 2 minuti. Dodamo preostalo marinado in sojino omako ter vino ali šeri in pražimo 3 minute.

Mehki jagnječji zrezki

Nosite 4

450 g/lb puste jagnjetine
15 ml/1 žlica sojine omake
10 ml/2 žlički riževega vina ali suhega šerija
2,5 ml/¬Ω čajne žličke soli
1 majhna čebula, sesekljana

45 ml/3 žlice arašidovega (arašidovega) olja.

Jagnjetino narežemo na tanke rezine in razporedimo po krožniku. Zmešamo sojino omako, vino ali šeri, sol in olje, prelijemo jagnjetino, pokrijemo in mariniramo 1 uro. Dobro odcedite. Segrejte olje in pražite jagnjetino približno 2 minuti, da se zmehča.

jagnječja enolončnica

Nosite 4

45 ml/3 žlice arašidovega (arašidovega) olja.
2 stroka česna, nasekljana
5 ml/1 čajna žlička sojine omake
450 g/lb puste jagnjetine, narezane na kocke
sveže mlet poper

30 ml/2 žlici navadne moke (univerzalno).

300 ml/¬Ω za/1¬° skodelice vode

15 ml/1 žlica paradižnikove mezge (pasta)

1 lovorjev list

100 g gob, prerezanih na pol

3 korenčki, narezani na četrtine

6 majhnih čebul, narezanih na četrtine

15 ml/1 žlica sladkorja

1 steblo zelene, narezano

3 na kocke narezan krompir

15 ml/1 žlica riževega vina ali suhega šerija

50 g graha

15 ml/1 žlica sveže sesekljanega peteršilja

Segrejte polovico olja. Česen in sojino omako zmešamo z jagnjetino in začinimo s poprom. Meso prepražimo, da rahlo porjavi. Potresemo z moko in med mešanjem kuhamo, dokler se moka ne vpije. Dodamo vodo, paradižnikovo mezgo in lovorov list, zavremo, pokrijemo in pustimo vreti 30 minut. Segrejemo preostalo olje in pražimo gobe 3 minute, nato jih odstranimo iz ponve. V ponev dodamo korenje in čebulo ter pražimo 2 minuti. Potresemo s sladkorjem in segrevamo, dokler zelenjava ne zasveti. V enolončnico dodamo gobe, korenje, čebulo, zeleno in krompir, ponovno pokrijemo in dušimo še eno uro. Dodajte vino ali šeri, grah in peteršilj,

Pečeno jagnje

Nosite 4

350g/12oz puste jagnjetine, narezane na trakove
1 rezina ingverjeve korenine, drobno sesekljana
3 stepena jajca
45 ml/3 žlice arašidovega (arašidovega) olja.
2,5 ml/¬Ω čajne žličke soli

5 ml/1 čajna žlička riževega vina ali suhega šerija

Vmešajte jagnjetino, ingver in jajca. Segrejte olje in pražite jagnjetino 2 minuti. Vmešamo sol in vino ali šeri ter pražimo 2 minuti.

Jagnjetina in zelenjava

Nosite 4

225 g/8 oz puste jagnjetine, narezane na rezine
100 g bambusovih poganjkov, narezanih na rezine
100 g vodnega kostanja, narezanega
100 g narezanih gob

30 ml/2 žlici arašidovega (arašidovega) olja.
30 ml/2 žlici sojine omake
30 ml/2 žlici riževega vina ali suhega šerija
2 stroka česna, nasekljana
4 mlade čebule (glava čebula), narezane na rezine
150 ml/¬° pt/ohm skodelica piščančje juhe
15 ml/1 žlica sezamovega olja
15 ml/1 žlica koruzne moke (koruznega škroba)

Primešajte jagnjetino, bambusove poganjke, vodni kostanj in gobe. Zmešajte 15 ml/1 žlico olja, 15 ml/1 žlico sojine omake in 15 ml/1 žlico vina ali šerija ter prelijte čez mešanico jagnjetine. Pustite marinirati 1 uro. Segrejte preostalo olje in prepražite česen do zlato rjave barve. Dodamo mesno mešanico in pražimo, da porjavi. Premešajte mlado čebulo, nato dodajte preostalo sojino omako in vino ali šeri, večino jušne osnove in sezamovo olje. Zavremo, premešamo, pokrijemo in pustimo vreti 10 minut. Koruzni zdrob zmešamo s preostalo juho, prelijemo z omako in med mešanjem kuhamo toliko časa, da se omaka zbistri in zgosti.

Jagnjetina s tofujem

Nosite 4

60 ml/4 žlice arašidovega olja (arašidov).
450 g/lb puste jagnjetine, grobo sesekljane
3 stroki česna, sesekljani
2 mladi čebuli (čebulice), sesekljani
4 vodni kostanji, narezani na kocke
5 ml/1 žlička naribane pomarančne lupinice
15 ml/1 žlica sojine omake
ščepec soli
100 g/4 oz tofuja, narezanega na kocke
2,5 ml/¬Ω čajna žlička omake iz ostrig
2,5 ml/¬Ω žlička sezamovega olja

Segrejte polovico olja in na njem prepražite jagnjetino, česen in čebulo, da porjavijo. Dodamo vodni kostanj, pomarančno lupinico in sojino omako ter toliko vrele vode, da prekrije meso. Ponovno zavremo, pokrijemo in dušimo približno 30 minut, dokler jagnjetina ni zelo mehka. Medtem segrejemo preostalo olje in prepražimo tofu, da rahlo porjavi. Dodajte k jagnjetini z ostrigino omako in sezamovim oljem ter kuhajte nepokrito 5 minut.

Pečeno jagnje

Del 4-6

2 kg/4 lbs jagnječje stegno

120 ml/4 fl oz/¬Ω skodelice sojine omake

1 čebula, drobno sesekljana

2 stroka česna, nasekljana

1 rezina ingverjeve korenine, sesekljana

50 g/2 oz/¬° skodelice rjavega sladkorja

30 ml/2 žlici riževega vina ali suhega šerija

30 ml/2 žlici paradižnikove mezge (pasta)

15 ml/1 žlica vinskega kisa
15 ml/1 žlica limoninega soka

Jagnjetino položimo na krožnik. Zmešajte preostale sestavine, nato prelijte čez jagnjetino, pokrijte in čez noč postavite v hladilnik, občasno jih obrnite in polijte.

Jagnjetino pečemo v predhodno ogreti pečici pri 220¬∞C/425¬∞F/plin 7 10 minut, nato zmanjšamo temperaturo na 190¬∞C/375¬∞F/plin 5 in nadaljujemo s peko 20 minut do 1 lb /450 g plus 20 minut, občasno polivanje z marinado.

Jagnječja pečenka z gorčico

Vrata 8

75 ml/5 žlic pripravljene gorčice
15 ml/1 žlica sojine omake
1 strok česna, strt
5 ml/1 čajna žlička sveže sesekljanega timijana
1 rezina ingverjeve korenine, sesekljana
15 ml/1 žlica arašidovega olja (arašidov).
1,25 kg/3 lbs jagnječje stegno

Vse sestavine preliva mešamo toliko časa, da dobimo kremo. Pomažemo po jagnjetini in pustimo nekaj ur počivati. Pečemo v predhodno ogreti pečici na 180 °C/350 °F/plinska oznaka 4 približno 1½ uro.

Polnjene jagnječje prsi

Porcija 6-8

1 jagnječja prsa

225 g/8 oz kuhanega dolgozrnatega riža

1 majhna zelena paprika, sesekljana

2 mladi čebuli (čebulice), sesekljani

90 ml/6 žlic arašidovega (arašidovega) olja.

sol in sveže mlet poper

375 ml/13 fl oz/1½ skodelice za vodo

15 ml/1 žlica koruzne moke (koruznega škroba)

15 ml/1 žlica sojine omake

Na širokem koncu jagnječjih prsi zarežite žep. Zmešajte riž, poper, mlado čebulo, 30 ml/2 žlici olja, sol in poper ter z mešanico napolnite vdolbino. Konec pritrdite z vrvico. Segrejte preostalo olje in na njem z vseh strani rahlo popecite jagnjetino. Začinite s soljo in poprom, dodajte 250 ml/8 fl oz/1 skodelico vode, zavrite, pokrijte in dušite 2 uri ali dokler se meso ne zmehča. Koruzno moko, sojino omako in preostalo vodo zmešajte v pasto, dodajte v ponev in med mešanjem kuhajte, dokler se omaka ne zbistri in zgosti.

Jagnjetina v pečici

Nosite 4

100 g/4 oz krušnih drobtin
4 trdo kuhana (kuhana) jajca, sesekljana
225 g/8 oz kuhane jagnjetine, mlete
300 ml/¬Ω za/1¬° skodelico juhe
15 ml/1 žlica sojine omake
15 ml/1 žlica koruzne moke (koruznega škroba)
30 ml/2 žlici vode

Drobtine, kuhana jajca in jagnjetino po plasteh razporedite v pekač. V ponvi zavrite juho in sojino omako. Koruzni zdrob in vodo zmešajte v pasto, vmešajte v juho in med mešanjem kuhajte, dokler se omaka ne zgosti. Prelijemo z mešanico jagnjetine, pokrijemo in pečemo v predhodno ogreti pečici na 180°C/350°C/plin 4 približno 25 minut do zlato rjave barve.

Jagnjetina in riž

Nosite 4

30 ml/2 žlici arašidovega (arašidovega) olja.

350 g/12 oz kuhane jagnjetine, narezane na kocke

Zaloga 600 ml/1 pt/2½ skodelic

10 ml/2 žlički soli

10 ml/2 žlički sojine omake

4 čebule, narezane na četrtine

2 korenja, narezana na rezine

50 g graha

15 ml/1 žlica koruzne moke (koruznega škroba)

30 ml/2 žlici vode

350 g/12 oz dolgozrnatega riža, vročega

Olje segrejemo in jagnjetino rahlo popečemo. Dodamo osnovo, sol in sojino omako, zavremo, pokrijemo in pustimo vreti 10 minut. Dodamo čebulo, korenje in grah, pokrijemo in dušimo 20 minut, da se zelenjava zmehča. Tekočino nalijemo v ponev. Koruzni zdrob in vodo zmešamo v pasto, zmešamo z omako in med mešanjem kuhamo toliko časa, da se omaka zbistri in zgosti. Na segret krožnik razporedimo riž in nanj razporedimo jagnjetino. Prelijemo z omako in takoj postrežemo.

Jagnjetina iz vrbe

Porcije 3
450 g/lb puste jagnjetine
1 jajce, rahlo stepeno
30 ml/2 žlici sojine omake
5 ml/1 čajna žlička koruzne moke (koruznega škroba)
ščepec soli
praženo olje
1 majhen korenček, sesekljan
1 strok česna, strt
2,5 ml/¬Ω čajna žlička sladkorja
2,5 ml/¬Ω čajne žličke vinskega kisa
2,5 ml/¬Ω čajna žlička riževega vina ali suhega šerija
sveže mlet poper

Jagnjetino narežemo na približno 5 cm dolge tanke trakove. Zmešajte jajce, 15 ml/1 žlica sojine omake, koruzni škrob in sol, zmešajte z jagnjetino in pustite, da se marinira še 30 minut. Segrejemo olje in na njem pražimo jagnjetino do polovice. Odstranite iz ponve in odcedite. Prilijemo vse razen 30 ml/2 žlici olja ter pražimo korenček in česen 1 minuto. Dodamo jagnjetino in ostale sestavine ter pražimo 3 minute.

Svinjina z mandlji

Nosite 4

60 ml/4 žlice arašidovega olja (arašidov).
50 g mandljevih lističev
350 g/12 oz narezane svinjine
100 g bambusovih poganjkov, narezanih na kocke
3 stebla zelene, narezana na kocke
50 g graha
4 vodni kostanji, narezani na kocke
100 g gob, narezanih na kocke
250 ml/8 fl oz/1 skodelica juhe
45 ml/3 žlice sojine omake
sol in sveže mlet poper

Segrejte olje in popecite mandlje, da rahlo porjavijo. Odlijemo večino olja, dodamo svinjino in pražimo 1 minuto. Dodamo bambusove poganjke, zeleno, grah, vodni kostanj in gobe ter pražimo 1 minuto. Dodamo osnovo, sojino omako, sol in poper, zavremo, pokrijemo in pustimo vreti 10 minut.

Svinjina z bambusovimi poganjki

Nosite 4

30 ml/2 žlici arašidovega (arašidovega) olja.
450 g/1 lb puste svinjine, narezane na kocke
3 mlade čebule (čebule), narezane na rezine
2 stroka česna, nasekljana
1 rezina ingverjeve korenine, sesekljana
250 ml/8 fl oz/1 skodelica sojine omake
30 ml/2 žlici riževega vina ali suhega šerija
30 ml/2 žlici rjavega sladkorja
5 ml/1 čajna žlička soli
600 ml/1 pt/2½ skodelice vode
100 g bambusovih poganjkov, narezanih na rezine

Segrejte olje in pražite svinjino, da porjavi. Odlijemo odvečno olje, dodamo mlado čebulo, česen in ingver ter pražimo 2 minuti. Dodajte sojino omako, vino ali šeri, sladkor in sol ter dobro premešajte. Prilijemo vodo, zavremo, pokrijemo in pustimo vreti

45 minut. Dodamo bambusove poganjke, pokrijemo in dušimo še 20 minut.

Svinjina na žaru

Nosite 4

2 svinjska fileja
30 ml/2 žlici rdečega vina
15 ml/1 žlica rjavega sladkorja
15 ml/1 žlica medu
60 ml/4 žlice sojine omake
2,5 ml/½ žličke cimeta
10 ml/2 žlički rdeče jedilne barve (neobvezno)
1 strok česna, strt
1 mlada čebula (čebula), narezana na majhne koščke

Meso damo v skledo. Zmešajte vse ostale sestavine, prelijte po svinjini in pustite marinirati 2 uri, občasno obrnite. Meso odcedimo in položimo na rešetko v ponev. Pečemo v predhodno ogreti pečici na 180°C/350°F/plinska oznaka 4 približno 45 minut, med peko jih obračamo in polivamo z marinado. Postrežemo ga narezanega na tanke rezine.

Svinjsko zelje in fižol

Nosite 4

225 g/8 oz puste svinjine, narezane na rezine
1 rezina ingverjeve korenine, sesekljana
30 ml/2 žlici sojine omake
15 ml/1 žlica riževega vina ali suhega šerija
2,5 ml/½ žličke sladkorja
450 g fižolovih kalčkov
45 ml/3 žlice arašidovega (arašidovega) olja.
2,5 ml/½ čajne žličke soli

Primešajte svinjino, ingver, 15 ml/1 žlico sojine omake, vino ali šeri in sladkor. Fižolove kalčke blanširajte v vreli vodi 2 minuti, nato jih odcedite. Segrejte polovico olja in pražite svinjino 3 minute, da rahlo porjavi. Odstranite iz pekača. Segrejte preostalo olje in fižolove kalčke pražite s soljo 1 minuto. Prelijemo s preostalo sojino omako in pražimo še minuto. Svinjino vrnite v ponev in pražite, dokler se ne segreje.

Piščanec z bambusovimi poganjki

Nosite 4

45 ml/3 žlice arašidovega (arašidovega) olja.
1 strok česna, strt
1 mlada čebula (čebula), sesekljana
1 rezina ingverjeve korenine, sesekljana
225 g piščančjih prsi, narezanih na kosmiče
225g/8oz bambusovih poganjkov, narezanih na kosmiče
45 ml/3 žlice sojine omake
15 ml/1 žlica riževega vina ali suhega šerija
5 ml/1 čajna žlička koruzne moke (koruznega škroba)

Segrejemo olje in pražimo česen, mlado čebulo in ingver, da rahlo porjavijo. Dodajte piščanca in ga pražite 5 minut. Dodamo bambusove poganjke in pražimo 2 minuti. Vmešajte sojino omako, vino ali šeri in koruzni zdrob ter med mešanjem pražite približno 3 minute, dokler ni piščanec pečen.

Dušena šunka

6–8 obrokov

900g/2lbs sveže šunke
30 ml/2 žlici rjavega sladkorja
60 ml/4 žlice riževega vina ali suhega šerija

Šunko položite v toplotno odporno posodo na rešetko, pokrijte in kuhajte v vreli vodi približno 1 uro. V lonec dodajte sladkor in vino ali šeri, pokrijte in kuhajte na sopari še eno uro ali dokler šunka ni kuhana. Pred rezanjem pustite, da se ohladi v skledi.

Slanina z zeljem

Nosite 4

4 rezine slanine, olupljene in narezane
2,5 ml/½ čajne žličke soli
1 rezina ingverjeve korenine, sesekljana
½ zelja, sesekljanega
75 ml/5 žlic piščančje juhe
15 ml/1 žlica ostrigine omake

Slanino hrustljavo popecite, nato pa jo odstranite iz ponve. Dodamo sol in ingver ter pražimo 2 minuti. Dodamo zelje in dobro premešamo, nato vmešamo slanino in dodamo osnovo, pokrijemo in kuhamo približno 5 minut, da se zelje zmehča, a še vedno rahlo hrustljavo. Dodamo ostrigino omako, pokrijemo in dušimo 1 minuto, preden postrežemo.

Piščanec z mandlji

Porcije 4–6

375 ml/13 fl oz/1½ skodelice piščančje juhe

60 ml/4 žlice riževega vina ali suhega šerija

45 ml/3 žlice koruzne moke (koruzni škrob)

15 ml/1 žlica sojine omake

4 piščančje prsi

1 beljak

2,5 ml/½ čajne žličke soli

praženo olje

75 g/3 oz/½ skodelice blanširanih mandljev

1 velik korenček, narezan na kocke

5 ml/1 žlička naribane korenine ingverja

6 mladih čebul (čebulic), narezanih

3 narezana stebla zelene

100 g narezanih gob

100 g bambusovih poganjkov, narezanih na rezine

V ponvi zmešajte osnovo, polovico vina ali šerija, 30 ml/2 žlici koruznega škroba in sojino omako. Med mešanjem zavremo, nato pa pustimo vreti 5 minut, da se zmes zgosti. Odstranite z ognja in hranite na toplem.

Piščancu odstranimo kožo in kosti ter ga narežemo na 2,5 cm velike kose. Zmešajte preostalo vino ali šeri ter koruzni zdrob, beljak in sol, dodajte kose piščanca in dobro premešajte. Segrejte olje in na njem po malem pražite kose piščanca približno 5 minut, da porjavijo. Dobro odcedite. Iz ponve odstranite vse razen 30 ml/2 žlici olja in pražite mandlje 2 minuti, dokler ne postanejo zlato rjavi. Dobro odcedite. V ponev dodamo korenček in ingver ter pražimo 1 minuto. Dodamo preostalo zelenjavo in med mešanjem pražimo približno 3 minute, dokler ni zelenjava mehka, a še vedno hrustljava. V ponev z omako damo piščanca in mandlje ter na zmernem ognju mešamo nekaj minut, dokler se ne segrejejo.

Piščanec z mandlji in vodnim kostanjem

Nosite 4

6 posušenih kitajskih gob
4 kosi piščanca brez kosti
100 g/4 oz mletih mandljev
sol in sveže mlet poper
60 ml/4 žlice arašidovega olja (arašidov).
100 g vodnega kostanja, narezanega
75 ml/5 žlic piščančje juhe
30 ml/2 žlici sojine omake

Gobe za 30 minut namočimo v topli vodi, nato jih odcedimo. Zavrzite peclje in odrežite klobuke. Piščanca narežemo na tanke rezine. Mandlje izdatno začinite s soljo in poprom ter z mandlji obložite rezine piščanca. Olje segrejemo in piščanca rahlo popečemo. Dodamo gobe, vodni kostanj, osnovo in sojino omako, zavremo, pokrijemo in dušimo nekaj minut, da se piščanec skuha.

Piščanec z mandlji in zelenjavo

Nosite 4

75 ml/5 žlic arašidovega olja (arašidov).
4 rezine ingverjeve korenine, sesekljane
5 ml/1 čajna žlička soli
100 g kitajskega zelja, sesekljanega
50 g/2 oz bambusovih poganjkov, narezanih na kocke
50 g gob, narezanih na kocke
2 stebli zelene, narezane na kocke
3 vodni kostanji, narezani na kocke
120 ml/4 fl oz/½ skodelice piščančje juhe
225 g/8 oz piščančjih prsi, narezanih na kocke
15 ml/1 žlica riževega vina ali suhega šerija
50g/2oz snežnega graha (grah)
100 g praženih mandljevih lističev
10 ml/2 žlici koruzne moke (koruzni škrob)
15 ml/1 žlica vode

Segrejte polovico olja in na njem 30 sekund dušite ingver in sol. Dodamo zelje, bambusove poganjke, gobe, zeleno in vodni kostanj ter pražimo 2 minuti. Prilijemo osnovo, zavremo, pokrijemo in pustimo vreti 2 minuti. Zelenjavo in omako odstranimo iz ponve. Segrejte preostalo olje in piščanca pražite 1 minuto. Dodamo vino ali šeri in pražimo 1 minuto. Vrnite zelenjavo v ponev s snežnim grahom in mandlji ter kuhajte 30 sekund. Koruzni zdrob in vodo zmešamo v pasto, zmešamo z omako in med mešanjem kuhamo, dokler se omaka ne zgosti.

Piščanec z janežem

Nosite 4

75 ml/5 žlic arašidovega olja (arašidov).
2 čebuli, sesekljani
1 strok česna, mlet
2 rezini ingverjeve korenine, sesekljane
15 ml/1 žlica navadne moke (univerzalno).
30 ml/2 žlici karija
450 g/lb piščanca, narezanega na kocke
15 ml/1 žlica sladkorja
30 ml/2 žlici sojine omake
450 ml/¾ za/2 skodelici piščančje juhe
2 rezini zvezdastega janeža
225 g/8 oz krompirja, narezanega na kocke

Polovico olja segrejemo in na njem prepražimo čebulo, da rahlo porjavi, nato jo odstranimo iz ponve. Segrejte preostalo olje in na njem 30 sekund dušite česen in ingver. Vmešajte moko in kari ter kuhajte 2 minuti. Čebulo vrnemo v ponev, dodamo piščanca in pražimo 3 minute. Dodamo sladkor, sojino omako, osnovo in janež, zavremo, pokrijemo in pustimo vreti 15 minut. Dodamo krompir, ponovno zavremo, pokrijemo in dušimo še 20 minut, da se zmehča.

Piščanec z marelicami

Nosite 4

4 kosi piščanca
sol in sveže mlet poper
ščepec mletega ingverja
60 ml/4 žlice arašidovega olja (arašidov).
225 g konzerviranih marelic, prepolovljenih
300 ml/½ pt/1¼ skodelice sladko-kisle omake
30 ml/2 žlici praženih mandljevih kosmičev

Piščanca začinimo s soljo, poprom in ingverjem. Olje segrejemo in piščanca rahlo popečemo. Pokrijte in kuhajte približno 20 minut, dokler se ne zmehča, občasno obrnite. Odcedite olje. Dodajte marelice in salso v ponev, zavrite, pokrijte in kuhajte približno 5 minut ali dokler se ne segreje. Okrasite z mandljevimi lističi.

Piščanec s šparglji

Nosite 4

45 ml/3 žlice arašidovega (arašidovega) olja.
5 ml/1 čajna žlička soli
1 strok česna, strt
1 mlada čebula (čebula), sesekljana
1 piščančja prsa, narezana
30 ml/2 žlici omake iz črnega fižola
350 g špargljev, narezanih na 2,5 cm velike kose
120 ml/4 fl oz/½ skodelice piščančje juhe
5 ml/1 čajna žlička sladkorja
15 ml/1 žlica koruzne moke (koruznega škroba)
45 ml/3 žlice vode

Segrejte polovico olja in na njem prepražite sol, česen in mlado čebulo do rjave barve. Dodamo piščanca in pražimo, da se rahlo obarva. Dodajte omako iz črnega fižola in premešajte, da prekrijete piščanca. Dodamo šparglje, osnovo in sladkor, zavremo, pokrijemo in dušimo 5 minut, da se piščanec zmehča. Koruzni zdrob in vodo zmešamo v pasto, vmešamo v ponev in med mešanjem kuhamo toliko časa, da se omaka zbistri in zgosti.

Piščanec iz jajčevca

Nosite 4

225 g/8 oz piščanca, narezanega
15 ml/1 žlica sojine omake
15 ml/1 žlica riževega vina ali suhega šerija
15 ml/1 žlica koruzne moke (koruznega škroba)
1 jajčevec (jajčevec), olupljen in narezan na trakove
30 ml/2 žlici arašidovega (arašidovega) olja.
2 posušena rdeča čilija
2 stroka česna, nasekljana
75 ml/5 žlic piščančje juhe

Piščanca položite v skledo. Zmešajte sojino omako, vino ali šeri in koruzni škrob, vmešajte v piščanca in pustite stati 30 minut. Jajčevce kuhamo v vreli vodi 3 minute, nato jih dobro odcedimo. Segrejte olje in popecite papriko, da potemni, nato jo odstranite in zavrzite. Dodajte česen in piščanca ter pražite, dokler ni rahlo obarvano. Dodamo osnovo in jajčevce, zavremo, pokrijemo in med občasnim mešanjem kuhamo 3 minute.

Piščanec ovit v slanino

Porcije 4–6

225 g/8 oz piščanca, narezanega na kocke
30 ml/2 žlici sojine omake
15 ml/1 žlica riževega vina ali suhega šerija
5 ml/1 čajna žlička sladkorja
5 ml/1 čajna žlička sezamovega olja
sol in sveže mlet poper
225 g rezin slanine
1 jajce, rahlo stepeno
100 g navadne moke (univerzalno).
praženo olje
4 paradižniki, narezani

Piščanca zmešajte s sojino omako, vinom ali šerijem, sladkorjem, sezamovim oljem, soljo in poprom. Pokrijte in marinirajte 1 uro, občasno premešajte, nato odstranite piščanca in zavrzite marinado. Slanino narežemo na majhne koščke in jo ovijemo okoli piščančjih kock. Jajca stepamo z moko, da dobimo gosto testo, po potrebi dodajamo malo mleka. Kocke pomočite v maso. Segrejte olje in pražite kocke, da porjavijo in so pečene. Postrežemo jih okrašene s češnjevimi paradižniki.

Piščanec s fižolovimi kalčki

Nosite 4

45 ml/3 žlice arašidovega (arašidovega) olja.
1 strok česna, strt
1 mlada čebula (čebula), sesekljana
1 rezina ingverjeve korenine, sesekljana
225 g piščančjih prsi, narezanih na kosmiče
225 g/8 oz fižolovih kalčkov
45 ml/3 žlice sojine omake
15 ml/1 žlica riževega vina ali suhega šerija
5 ml/1 čajna žlička koruzne moke (koruznega škroba)

Segrejemo olje in pražimo česen, mlado čebulo in ingver, da rahlo porjavijo. Dodajte piščanca in ga pražite 5 minut. Dodamo fižolove kalčke in pražimo 2 minuti. Vmešajte sojino omako, vino ali šeri in koruzni zdrob ter med mešanjem pražite približno 3 minute, dokler ni piščanec pečen.

Piščanec z omako iz črnega fižola

Nosite 4

30 ml/2 žlici arašidovega (arašidovega) olja.
5 ml/1 čajna žlička soli
30 ml/2 žlici omake iz črnega fižola
2 stroka česna, nasekljana
450 g/lb piščanca, narezanega na kocke
250 ml/8 fl oz/1 skodelica juhe
1 zelena paprika, narezana na kocke
1 čebula, sesekljana
15 ml/1 žlica sojine omake
sveže mlet poper
15 ml/1 žlica koruzne moke (koruznega škroba)
45 ml/3 žlice vode

Segrejte olje in na njem 30 sekund pražite sol, črni fižol in česen. Dodamo piščanca in pražimo, da rahlo porjavi. Prilijemo osnovo, zavremo, pokrijemo in pustimo vreti 10 minut. Dodamo papriko, čebulo, sojino omako in poper, pokrijemo in kuhamo še 10 minut. Koruzni zdrob in vodo zmešajte v pasto, zmešajte z omako in med mešanjem kuhajte, dokler se omaka ne zgosti in piščanec zmehča.

Piščanec z brokolijem

Nosite 4

450 g/lb piščanca, narezanega na kocke
225 g piščančjih jeter
45 ml/3 žlice navadne moke (univerzalno).
45 ml/3 žlice arašidovega (arašidovega) olja.
1 čebula, narezana na kocke
1 rdeča paprika, narezana na kocke
1 zelena paprika, narezana na kocke
225 g brokolijevih cvetov
4 rezine ananasa, narezane na kocke
30 ml/2 žlici paradižnikove mezge (pasta)
30 ml/2 žlici hoisin omake
30 ml/2 žlici medu
30 ml/2 žlici sojine omake
300 ml/½ čajne žličke/1 ¼ skodelice piščančje juhe
10 ml/2 žlički sezamovega olja

Piščanca in piščančja jetrca potresemo v moki. Segrejemo olje in pražimo jetrca 5 minut, nato jih odstranimo iz ponve. Dodamo piščanca, pokrijemo in na zmernem ognju med občasnim mešanjem dušimo 15 minut. Dodajte zelenjavo in ananas ter pražite 8 minut. V vok damo piščančja jetrca, dodamo ostale sestavine in zavremo. Med mešanjem kuhajte, dokler se omaka ne zgosti.

Piščanec z zeljem in arašidi

Nosite 4

45 ml/3 žlice arašidovega (arašidovega) olja.
30 ml/2 žlici arašidov
450 g/lb piščanca, narezanega na kocke
½ zelja, narezanega na kvadratke
15 ml/1 žlica omake iz črnega fižola
2 rdeča čilija, sesekljana
5 ml/1 čajna žlička soli

Segrejemo malo olja in na njem med stalnim mešanjem nekaj minut pražimo lešnike. Odstranite, odcedite in pretlačite v pire. Segrejte preostalo olje in prepražite piščanca in zelje, da rahlo porjavi. Odstranite iz pekača. Dodamo črni fižol in čili omako ter med mešanjem pražimo 2 minuti. Piščanca in zelje vrnemo v ponev s sesekljanimi arašidi in posolimo. Pražite, dokler se ne segreje, nato pa takoj postrezite.

Indijski piščanec

Nosite 4

30 ml/2 žlici sojine omake
30 ml/2 žlici koruzne moke (koruzni škrob)
15 ml/1 žlica riževega vina ali suhega šerija
350 g/12 oz piščanca, narezanega na kocke
45 ml/3 žlice arašidovega (arašidovega) olja.
2,5 ml/½ čajne žličke soli
2 stroka česna, nasekljana
225 g narezanih gob
100 g vodnega kostanja, narezanega
100g/4oz bambusovih poganjkov
50g/2oz snežnega graha (grah)
225 g/8 oz/2 skodelici indijskih oreščkov
300 ml/½ čajne žličke/1¼ skodelice piščančje juhe

Zmešajte sojino omako, koruzni škrob in vino ali šeri, prelijte piščanca, pokrijte in marinirajte vsaj 1 uro. Segrejte 30 ml/2 žlici olja s soljo in česnom ter pražite, da česen rahlo porjavi. Dodamo piščanca z marinado in pražimo 2 minuti, da piščanec rahlo porjavi. Dodamo gobe, vodni kostanj, bambusove poganjke in snežni grah ter pražimo 2 minuti. Medtem v ločeni ponvi segrejemo preostalo olje in na majhnem ognju nekaj minut pražimo indijske oreščke, da zlato zarumenijo. Dodamo jih v ponev, zavremo, pokrijemo in pustimo vreti 5 minut. Če se omaka ni dovolj zgostila,

Piščanec s kostanjem

Nosite 4

225 g/8 oz piščanca, narezanega

5 ml/1 čajna žlička soli

15 ml/1 žlica sojine omake

praženo olje

250 ml/8 fl oz/1 skodelica piščančje juhe

200 g vodnega kostanja, sesekljanega

225 g kostanja, sesekljanega

225 g gob, narezanih na četrtine

15 ml/1 žlica sveže sesekljanega peteršilja

Piščanca potresemo s soljo in sojino omako ter piščanca dobro zdrgnemo. Segrejte olje in piščanca prepražite, da porjavi, nato ga odstranite in odcedite. Piščanca dajte v ponev z juho, zavrite in kuhajte 5 minut. Dodamo vodni kostanj, kostanj in gobe, pokrijemo in dušimo približno 20 minut, da se zmehčajo. Postrežemo jih okrašene s peteršiljem.

Začinjen piščanec s čilijem

Nosite 4

350 g/1 lb piščanca, narezanega na kocke

1 jajce, rahlo stepeno

10 ml/2 žlički sojine omake

2,5 ml/½ žličke koruznega zdroba (koruznega škroba)

praženo olje
1 zelena paprika, narezana na kocke
4 stroki česna, sesekljani
2 rdeča čilija, sesekljana
5 ml/1 čajna žlička sveže mletega popra
5 ml/1 čajna žlička vinskega kisa
5 ml/1 čajna žlička vode
2,5 ml/½ žličke sladkorja
2,5 ml/½ čajne žličke čilijevega olja
2,5 ml/½ žličke sezamovega olja

Piščanca zmešajte z jajcem, polovico sojine omake in koruznim škrobom ter pustite 30 minut. Segrejte olje in piščanca popecite do rjavega, nato ga dobro odcedite. Vlijte vse razen 15 ml/1 žlico olja iz ponve, dodajte poper, česen in kosmiče rdeče paprike ter pražite 30 sekund. Dodamo poper, vinski kis, vodo in sladkor ter pražimo 30 sekund. Piščanca vrnite v ponev in pražite nekaj minut, dokler ni pečen. Postrežemo jo posuto s čilijem in sezamovim oljem.

Čili ocvrt piščanec

Nosite 4

225 g/8 oz piščanca, narezanega

2,5 ml/½ čajne žličke sojine omake

2,5 ml/½ žličke sezamovega olja

2,5 ml/½ žličke riževega vina ali suhega šerija

5 ml/1 čajna žlička koruzne moke (koruznega škroba)

sol

45 ml/3 žlice arašidovega (arašidovega) olja.

100 g/4 oz špinače

4 mlade čebule (čebule), sesekljane

2,5 ml/½ čajne žličke čilija v prahu

15 ml/1 žlica vode

1 paradižnik, narezan

Piščanca zmešajte s sojino omako, sezamovim oljem, vinom ali šerijem, polovico koruznega škroba in ščepcem soli. Pustimo počivati 30 minut. Segrejte 15 ml/1 žlico olja in popecite piščanca, da rahlo porjavi. Odstranite iz voka. Segrejte 15 ml/1 žlico olja in špinačo prepražite, dokler ne oveni, nato pa jo odstranite iz voka. Segrejte preostalo olje in na njem 2 minuti pražite mlado čebulo, čili v prahu, vodo in preostali koruzni škrob. Primešamo piščanca in na hitro popražimo. Na segret krožnik razporedimo špinačo, nanjo razporedimo piščanca in postrežemo okrašeno s paradižniki.

kitajski piščanec

Nosite 4

100 g kitajskih listov, sesekljanih
100 g bambusovih poganjkov, narezanih na trakove
60 ml/4 žlice arašidovega olja (arašidov).
3 mlade čebule (čebule), narezane na rezine
2 stroka česna, nasekljana
1 rezina ingverjeve korenine, sesekljana
225 g piščančjih prsi, narezanih na trakove

45 ml/3 žlice sojine omake

15 ml/1 žlica riževega vina ali suhega šerija

5 ml/1 čajna žlička soli

2,5 ml/½ žličke sladkorja

sveže mlet poper

15 ml/1 žlica koruzne moke (koruznega škroba)

Kitajske liste in bambusove poganjke blanširajte v vreli vodi 2 minuti. Odcedite in posušite. Segrejte 45 ml/3 žlice olja in prepražite čebulo, česen in ingver, dokler rahlo ne porjavijo. Dodamo piščanca in pražimo 4 minute. Odstranite iz pekača. Segrejte preostalo olje in zelenjavo pražite 3 minute. Dodajte piščanca, sojino omako, vino ali šeri, sol, sladkor in ščepec popra ter pražite 1 minuto. Koruzni škrob zmešamo z malo vode, dodamo omaki in med mešanjem kuhamo toliko časa, da se omaka zbistri in zgosti.

Chicken Chow Mein

Nosite 4

30 ml/2 žlici arašidovega (arašidovega) olja.

2 stroka česna, nasekljana

450 g/1 lb piščanca, narezanega

225 g/8 oz bambusovih poganjkov, narezanih

100 g/4 oz narezane zelene

225 g narezanih gob

450 ml/¾ za/2 skodelici piščančje juhe

225 g/8 oz fižolovih kalčkov

4 čebule, narezane

30 ml/2 žlici sojine omake

30 ml/2 žlici koruzne moke (koruzni škrob)

225 g/8 oz posušenih kitajskih rezancev

Segrejte olje s česnom, da porjavi, nato dodajte piščanca in pražite 2 minuti, da porjavi. Dodamo bambusove poganjke, zeleno in gobe ter pražimo 3 minute. Prilijemo večino jušne osnove, zavremo, pokrijemo in pustimo vreti 8 minut. Dodamo fižolove kalčke in čebulo ter med mešanjem pražimo 2 minuti, dokler ne ostane le malo zaloge. Preostalo juho zmešajte s sojino omako in koruznim škrobom. Stresemo v ponev in med mešanjem kuhamo toliko časa, da se omaka zbistri in zgosti.

Medtem kuhajte tagliatelle v vreli slani vodi nekaj minut po navodilih na embalaži. Dobro odcedimo, nato zmešamo s piščančjo mešanico in takoj postrežemo.

Začinjen hrustljavo ocvrt piščanec

Nosite 4

450 g/1 lb piščanca, narezanega na kose
30 ml/2 žlici sojine omake
30 ml/2 žlici slivove omake
45 ml/3 žlice mangovega čatnija
1 strok česna, strt
2,5 ml/½ žličke mletega ingverja
nekaj kapljic konjaka
30 ml/2 žlici koruzne moke (koruzni škrob)
2 stepena jajca
100 g/4 oz/1 skodelica suhih drobtin
30 ml/2 žlici arašidovega (arašidovega) olja.

6 mladih čebul (čebulice), sesekljane
1 rdeča paprika, narezana na kocke
1 zelena paprika, narezana na kocke
30 ml/2 žlici sojine omake
30 ml/2 žlici medu
30 ml/2 žlici vinskega kisa

Piščanca položite v skledo. Zmešajte omake, čatni, česen, ingver in žganje, prelijte piščanca, pokrijte in pustite marinirati 2 uri. Piščanca odcedimo in potresemo s koruznim škrobom. Prelijemo z jajci in nato z drobtinami. Segrejte olje in na njem popecite piščanca, da porjavi. Odstranite iz pekača. Dodamo zelenjavo in pražimo 4 minute, nato odstranimo. Iz ponve odlijemo olje, nato pa piščanca in zelenjavo vrnemo v ponev k ostalim sestavinam. Pred serviranjem zavrite in ponovno segrejte.

Ocvrt piščanec s kumarami

Nosite 4

225 g/8 oz piščanca

1 beljak

2,5 ml/½ žličke koruznega zdroba (koruznega škroba)

sol

½ kumare

30 ml/2 žlici arašidovega (arašidovega) olja.

100 g gob

50 g bambusovih poganjkov, narezanih na trakove

50 g/2 oz šunke, narezane na kocke

15 ml/1 žlica vode

2,5 ml/½ čajne žličke soli

2,5 ml/½ žličke riževega vina ali suhega šerija

2,5 ml/½ žličke sezamovega olja

Piščanca narežemo in narežemo na majhne koščke. Zmešamo z beljakom, koruznim škrobom in soljo ter pustimo počivati. Kumaro vzdolžno prerežemo in diagonalno narežemo na debele rezine. Olje segrejemo in piščanca popečemo toliko časa, da rahlo porjavi, nato ga odstranimo iz ponve. Dodamo kumare in bambusove poganjke ter pražimo 1 minuto. Piščanca položite nazaj v ponev s šunko, vodo, soljo in vinom ali šerijem. Zavremo in kuhamo, dokler se piščanec ne zmehča. Postrežemo jo poškropljeno s sezamovim oljem.

Čili s piščančjim curryjem

Nosite 4

120 ml/4 fl oz/½ skodelice arašidovega (arašidovega) olja.
4 kosi piščanca
1 čebula, sesekljana
5 ml/1 čajna žlička karija
5 ml/1 čajna žlička čilijeve omake
15 ml/1 žlica riževega vina ali suhega šerija
2,5 ml/½ čajne žličke soli
600 ml/1 kos/2½ skodelice piščančje juhe
15 ml/1 žlica koruzne moke (koruznega škroba)
45 ml/3 žlice vode
5 ml/1 čajna žlička sezamovega olja

Olje segrejemo in na njem na obeh straneh popečemo kose piščanca, da porjavijo, nato jih poberemo iz ponve. Dodamo čebulo, kari v prahu in omako s feferoni ter pražimo 1 minuto. Dodamo vino ali šeri in sol, dobro premešamo, nato vrnemo piščanca v ponev in ponovno premešamo. Prilijemo osnovo, zavremo in pustimo vreti približno 30 minut, da se piščanec zmehča. Če se omaka ni dovolj zredčila, zmešamo koruzni zdrob in vodo v pasto, malo dodamo omaki in med mešanjem kuhamo, dokler se omaka ne zgosti. Postrežemo jo poškropljeno s sezamovim oljem.

Kitajski piščančji curry

Nosite 4

45 ml/3 žlice karija
1 čebula, narezana
350 g/12 oz piščanca, narezanega na kocke
150 ml/¼ pt/½ skodelice piščančje juhe
5 ml/1 čajna žlička soli
10 ml/2 žlici koruzne moke (koruzni škrob)
15 ml/1 žlica vode

Kari in čebulo segrevajte v suhi ponvi 2 minuti, ponev zavrtite, da prekrijete čebulo. Dodajte piščanca in premešajte, dokler ni dobro prekrit s curryjem. Prilijemo osnovo in sol, zavremo, pokrijemo in dušimo približno 5 minut, da se piščanec zmehča. Koruzni zdrob in vodo zmešajte v pasto, premešajte v ponvi in med mešanjem kuhajte, dokler se omaka ne zgosti.

Hitri piščančji curry

Nosite 4

450 g/1 lb piščančjih prsi, narezanih na kocke
45 ml/3 žlice riževega vina ali suhega šerija
50 g/2 oz koruznega zdroba (koruzni škrob)
1 beljak
sol
150 ml/¼ pt/½ skodelice zvrhanega arašidovega (arašidovega) olja.
15 ml/1 žlica karija
10 ml/2 žlički rjavega sladkorja
150 ml/¼ pt/½ skodelice piščančje juhe

Vmešajte piščančje kocke in šeri. Odstavite 10 ml/2 žlici koruznega škroba. Stepite jajčni beljak s preostalo koruzo in ščepcem soli, nato pa piščanca dobro premešajte. Segrejte olje in popecite piščanca, dokler ni pečen in porjavi. Odstranite iz ponve in odcedite vse razen 15 ml/1 žlico olja. Vmešamo prihranjen koruzni zdrob, kari in sladkor ter pražimo 1 minuto. Prilijemo juho, zavremo in ob stalnem mešanju kuhamo toliko časa, da se omaka zgosti. Piščanca vrnite v ponev, premešajte in pred serviranjem ponovno segrejte.

Piščančji curry s krompirjem

Nosite 4

45 ml/3 žlice arašidovega (arašidovega) olja.

2,5 ml/½ čajne žličke soli

1 strok česna, strt

750 g/1½ lb piščanca, narezanega na kocke

225 g/8 oz krompirja, narezanega na kocke

4 čebule, narezane

15 ml/1 žlica karija

450 ml/¾ za/2 skodelici piščančje juhe

225 g narezanih gob

Segrejemo olje s soljo in česnom, dodamo piščanca in pražimo, da porjavi. Dodajte krompir, čebulo in kari ter pražite 2 minuti.

Prilijemo osnovo, zavremo, pokrijemo in med občasnim mešanjem dušimo približno 20 minut, dokler ni piščanec kuhan. Dodamo gobe, odstranimo pokrov in kuhamo še 10 minut, da se tekočina zmanjša.

Ocvrta piščančja bedra

Nosite 4
2 veliki piščančji bedri, brez kosti
2 mladi čebuli (čebulice)
1 rezina ingverja, pretolčena
120 ml/4 fl oz/½ skodelice sojine omake
5 ml/1 čajna žlička riževega vina ali suhega šerija
praženo olje
5 ml/1 čajna žlička sezamovega olja
sveže mlet poper

Piščanca razvaljamo in razporedimo po celem. 1 čebulo pretlačimo, drugo pa sesekljamo. Zmešajte ingverjevo čebulo, sojino omako in vino ali šeri. Prelijemo preko piščanca in pustimo marinirati 30 minut. Odstranite in odcedite. Postavite na krožnik na rešetko in kuhajte na pari 20 minut.

Segrejte olje in piščanca pražite približno 5 minut, da porjavi. Odstranite iz ponve, dobro odcedite in narežite na debele rezine, ki jih razporedite po segretem servirnem krožniku. Segrejemo sezamovo olje, dodamo mlado čebulo in sesekljano papriko, prelijemo piščanca in postrežemo.

Ocvrt piščanec s curry omako

Nosite 4

1 jajce, rahlo stepeno
30 ml/2 žlici koruzne moke (koruzni škrob)
25 g/1 oz/¼ skodelice navadne (univerzalne) moke.
2,5 ml/½ čajne žličke soli
225 g/8 oz piščanca, narezanega na kocke
praženo olje
30 ml/2 žlici arašidovega (arašidovega) olja.
30 ml/2 žlici karija
60 ml/4 žlice riževega vina ali suhega šerija

Jajce stepamo s koruznim škrobom, moko in soljo, dokler ne dobimo gostega testa. Prelijemo čez piščanca in dobro premešamo, da se prekrije. Segrejte olje in popecite piščanca, da porjavi in postane pečen. Medtem segrejemo olje in pražimo curry 1 minuto. Vmešajte vino ali šeri in zavrite. Piščanca postavimo na segret krožnik in ga prelijemo s curry omako.

pijani piščanec

Nosite 4

450g/1lb piščančjega fileja, narezanega na kose
60 ml/4 žlice sojine omake
30 ml/2 žlici hoisin omake
30 ml/2 žlici slivove omake
30 ml/2 žlici vinskega kisa
2 stroka česna, nasekljana
ščepec soli
nekaj kapljic olja pekoče paprike
2 beljaka
60 ml/4 žlice koruzne moke (koruzni škrob)
praženo olje
200 ml/½ pt/1¼ skodelice riževega vina ali suhega šerija

Piščanca položite v skledo. Omake in vinski kis, česen, sol in čilijevo olje zmešamo, prelijemo preko piščanca in mariniramo v hladilniku 4 ure. Beljake penasto stepite in vmešajte koruzni škrob. Piščanca vzamemo iz marinade in pokrijemo z mešanico beljakov. Segrejte olje in popecite piščanca, dokler ni pečen in porjavi. Dobro jih odcedimo na kuhinjskem papirju in damo v skledo. Prelijemo z vinom ali šerijem, pokrijemo in mariniramo v hladilniku 12 ur. Piščanca vzamemo iz vina in postrežemo ohlajenega.

Soljeni piščanec z jajcem

Nosite 4

30 ml/2 žlici arašidovega (arašidovega) olja.
4 kosi piščanca
2 mladi čebuli (čebulice), sesekljani
1 strok česna, strt
1 rezina ingverjeve korenine, sesekljana
175 ml/6 fl oz/¾ skodelice sojine omake
30 ml/2 žlici riževega vina ali suhega šerija

30 ml/2 žlici rjavega sladkorja
5 ml/1 čajna žlička soli
375 ml/13 fl oz/1½ skodelice vode
4 trdo kuhana jajca (kuhana).
15 ml/1 žlica koruzne moke (koruznega škroba)

Segrejte olje in na njem popecite kose piščanca do rjave barve. Dodamo mlado čebulo, česen in ingver ter pražimo 2 minuti. Dodajte sojino omako, vino ali šeri, sladkor in sol ter dobro premešajte. Prilijemo vodo in zavremo, pokrijemo in pustimo vreti 20 minut. Dodamo trdo kuhana jajca, pokrijemo in kuhamo še 15 minut. Koruzni škrob zmešamo z malo vode, dodamo omaki in med mešanjem kuhamo toliko časa, da se omaka zbistri in zgosti.

Piščančji jajčni zvitki

Nosite 4

4 posušene kitajske gobe
100 g piščanca, narezanega na trakove
5 ml/1 čajna žlička koruzne moke (koruznega škroba)
15 ml/1 žlica sojine omake
2,5 ml/½ čajne žličke soli
2,5 ml/½ žličke sladkorja
60 ml/4 žlice arašidovega olja (arašidov).
225 g/8 oz fižolovih kalčkov
3 mlade čebule (čebule), sesekljane
100 g/4 oz špinače
12 jajčnih zvitkov
1 stepeno jajce
praženo olje

Gobe za 30 minut namočimo v topli vodi, nato jih odcedimo. Zavrzite peclje in odrežite klobuke. Piščanca položite v skledo. Koruzno moko zmešajte s 5 ml/1 žlico sojine omake, soljo in sladkorjem ter vmešajte v piščanca. Pustimo počivati 15 minut. Polovico olja segrejemo in piščanca rahlo popečemo. Fižolove kalčke blanširajte v vreli vodi 3 minute, nato jih odcedite. Segrejte preostalo olje in prepražite mlado čebulo, da rahlo porjavi. Vmešajte gobe, fižolove kalčke, špinačo in preostalo sojino omako. Dodajte piščanca in ga pražite 2 minuti. Pustite, da se ohladi. Na sredino vsake lupine damo malo nadeva in robove premažemo s stepenim jajcem. Strani prepognemo, nato zvijemo zvitke, robove zapremo z jajcem. Segrejte olje in pecite zvitke, da postanejo hrustljavi in zlati.

Dušen piščanec z jajci

Nosite 4

30 ml/2 žlici arašidovega (arašidovega) olja.
4 fileje piščančjih prsi, narezane na trakove
1 rdeča paprika, narezana na trakove
1 zelena paprika, narezana na trakove
45 ml/3 žlice sojine omake
45 ml/3 žlice riževega vina ali suhega šerija
250 ml/8 fl oz/1 skodelica piščančje juhe
100 g solate ledenke, sesekljane
5 ml/1 čajna žlička rjavega sladkorja
30 ml/2 žlici hoisin omake
sol in poper
15 ml/1 žlica koruzne moke (koruznega škroba)
30 ml/2 žlici vode
4 jajca
30 ml/2 žlici šerija

Segrejte olje in na njem popecite piščanca in papriko do rjave barve. Dodajte sojino omako, vino ali šeri in osnovo, zavrite, pokrijte in pustite vreti 30 minut. Dodajte solato, sladkor in omako hoisin ter začinite s soljo in poprom. Zmešajte koruzni zdrob in vodo, dodajte omaki in med mešanjem zavrite. Jajca stepemo s šerijem in ocvremo kot tanke omlete. Potresemo s soljo in poprom ter narežemo na trakove. Razporedimo v segret servirni krožnik in prelijemo preko piščanca.

Piščanec z Daljnega vzhoda

Nosite 4

60 ml/4 žlice arašidovega olja (arašidov).
450 g/1 lb piščanca, narezanega na kose
2 stroka česna, nasekljana
2,5 ml/½ čajne žličke soli
2 čebuli, sesekljani
2 kosa stebla ingverja, nasekljana
45 ml/3 žlice sojine omake
30 ml/2 žlici hoisin omake
45 ml/3 žlice riževega vina ali suhega šerija
300 ml/½ čajne žličke/1¼ skodelice piščančje juhe
5 ml/1 čajna žlička sveže mletega popra
6 trdo kuhanih (kuhanih) jajc, sesekljanih
15 ml/1 žlica koruzne moke (koruznega škroba)
15 ml/1 žlica vode

Segrejte olje in na njem popecite piščanca, da porjavi. Dodajte česen, sol, čebulo in ingver ter pražite 2 minuti. Dodajte sojino omako, omako hoisin, vino ali šeri, osnovo in poper. Zavremo, pokrijemo in pustimo vreti 30 minut. Dodajte jajca. Zmešajte koruzni zdrob in vodo ter vmešajte v omako. Zavremo in med mešanjem kuhamo toliko časa, da se omaka zgosti.

Foo Yung piščanec

Nosite 4

6 stepenih jajc
45 ml/3 žlice koruzne moke (koruzni škrob)
100 g gob, grobo narezanih
225 g/8 oz piščančjih prsi, narezanih na kocke
1 čebula, drobno sesekljana
5 ml/1 čajna žlička soli
45 ml/3 žlice arašidovega (arašidovega) olja.

Stepite jajca in nato dodajte koruzni škrob. Zmešajte vse ostale sestavine razen olja. Segrejte olje. Zmes po malem vlijemo v ponev, da oblikujemo palačinke premera približno 7,5 cm. Kuhajte, dokler dno ni zlato rjavo, nato obrnite in pecite še drugo stran.

Šunka in piščanec Foo Yung

Nosite 4

6 stepenih jajc
45 ml/3 žlice koruzne moke (koruzni škrob)
100 g/4 oz šunke, narezane na kocke
225 g/8 oz piščančjih prsi, narezanih na kocke
3 mlade čebule (čebula), drobno sesekljane
5 ml/1 čajna žlička soli
45 ml/3 žlice arašidovega (arašidovega) olja.

Stepite jajca in nato dodajte koruzni škrob. Zmešajte vse ostale sestavine razen olja. Segrejte olje. Zmes po malem vlijemo v ponev, da oblikujemo palačinke premera približno 7,5 cm. Kuhajte, dokler dno ni zlato rjavo, nato obrnite in pecite še drugo stran.

Ocvrt piščanec z ingverjem

Nosite 4

1 piščanec, prerezan na pol
4 rezine ingverjeve korenine, zdrobljene
30 ml/2 žlici riževega vina ali suhega šerija
30 ml/2 žlici sojine omake
5 ml/1 čajna žlička sladkorja
praženo olje

Piščanca položite v plitvo skledo. Zmešajte ingver, vino ali šeri, sojino omako in sladkor, prelijte po piščancu in vtrite v kožo. Pustite marinirati 1 uro. Segrejte olje in piščanca po polovici naenkrat prepražite, da se rahlo obarva. Odstranite iz olja in pustite, da se malo ohladi, medtem ko olje segrevate. Piščanca vrnite v ponev in pražite, dokler ne porjavi in se skuha. Pred serviranjem dobro odcedimo.

Piščanec z ingverjem

Nosite 4

225 g/8 oz piščanca, narezanega na tanke rezine

1 beljak

ščepec soli

2,5 ml/½ žličke koruznega zdroba (koruznega škroba)

15 ml/1 žlica arašidovega olja (arašidov).

10 rezin ingverjeve korenine

6 gob, prerezanih na pol

1 korenček, narezan

2 mladi čebuli (čebulice), narezani

5 ml/1 čajna žlička riževega vina ali suhega šerija

5 ml/1 čajna žlička vode

2,5 ml/½ žličke sezamovega olja

Piščanca zmešamo z beljakom, soljo in koruznim škrobom. Segrejte polovico olja in piščanca popecite, da rahlo porjavi, nato ga odstranite iz ponve. Segrejte preostalo olje in na njem 3 minute pražite ingver, gobe, korenček in mlado čebulo. Piščanca vrnite v ponev z vinom ali šerijem in vodo ter kuhajte, dokler se piščanec ne zmehča. Postrežemo jo poškropljeno s sezamovim oljem.

Ingverjev piščanec z gobami in kostanjem

Nosite 4

60 ml/4 žlice arašidovega olja (arašidov).
225 g narezane čebule
450 g/lb piščanca, narezanega na kocke
100 g narezanih gob
30 ml/2 žlici navadne moke (univerzalno).
60 ml/4 žlice sojine omake
10 ml/2 žlički sladkorja
sol in sveže mlet poper
900 ml/1½ pt/3¾ skodelice vroče vode
2 rezini ingverjeve korenine, sesekljane
450g/1lb vodnega kostanja

Segrejemo polovico olja in pražimo čebulo 3 minute, nato jo odstranimo iz ponve. Segrejte preostalo olje in popecite piščanca, da rahlo porjavi.

Dodamo gobe in kuhamo 2 minuti. Zmes potresemo z moko, nato vmešamo sojino omako, sladkor, sol in poper. Prilijemo vodo in ingver, čebulo in kostanj. Zavremo, pokrijemo in pustimo vreti 20 minut. Odstranite pokrov in še naprej dušite, dokler se omaka ne reducira.

Zlati piščanec

Nosite 4

8 majhnih kosov piščanca
300 ml/½ čajne žličke/1¼ skodelice piščančje juhe
45 ml/3 žlice sojine omake
15 ml/1 žlica riževega vina ali suhega šerija
5 ml/1 čajna žlička sladkorja
1 narezana ingverjeva korenina, mleto

Vse sestavine damo v večji lonec, zavremo, pokrijemo in dušimo približno 30 minut, dokler ni piščanec kuhan. Odstranite pokrov in še naprej dušite, dokler se omaka ne reducira.

Mariniran zlati piščančji paprikaš

Nosite 4

4 kosi piščanca
300 ml/½ pt/1¼ skodelice sojine omake
praženo olje
4 mlade čebule (čebulice), narezane na debelo
1 rezina ingverjeve korenine, sesekljana
2 narezana rdeča čilija
3 rezine zvezdastega janeža
50g/2oz bambusovih poganjkov, narezanih
150 ml/1½ proct/½ polne skodelice piščančje juhe
30 ml/2 žlici koruzne moke (koruzni škrob)
60 ml / 4 žlice vode
5 ml/1 čajna žlička sezamovega olja

Piščanca narežemo na velike kose in 10 minut mariniramo v sojini omaki. Odstranite in odcedite, sojino omako pa prihranite. Segrejte olje in piščanca pražite približno 2 minuti, da porjavi. Odstranite in odcedite. Prilijemo vse razen 30 ml/2 žlici olja, nato dodamo mlado čebulo, ingver, čili in zvezdasti janež ter pražimo 1 minuto. Piščanca vrnite v ponev z bambusovimi poganjki in prihranjeno sojino omako ter dodajte toliko juhe, da pokrije piščanca. Zavremo in pustimo vreti približno 10 minut, dokler se piščanec ne zmehča. Piščanca z žlico poberemo iz omake in razporedimo po segretem krožniku. Omako precedite in jo vrnite v ponev. Zmešajte koruzno moko in vodo, dokler ne dobite paste,

Zlati kovanci

Nosite 4

4 fileji piščančjih prsi
30 ml/2 žlici medu
30 ml/2 žlici vinskega kisa
30 ml/2 žlici paradižnikovega kečapa (catsup)
30 ml/2 žlici sojine omake
ščepec soli
2 stroka česna, nasekljana
5 ml/1 čajna žlička petih začimb v prahu
45 ml/3 žlice navadne moke (univerzalno).
2 stepena jajca
5 ml/1 žlička naribane korenine ingverja
5 ml/1 žlička naribane limonine lupinice
100 g/4 oz/1 skodelica suhih drobtin
praženo olje

Piščanca položite v skledo. Zmešajte med, vinski kis, kečap, sojino omako, sol, česen in pet začimb v prahu. Prelijemo preko piščanca, dobro premešamo, pokrijemo in mariniramo v hladilniku 12 ur.

Piščanca poberemo iz marinade in narežemo na za prst debele trakove. Poprašite z moko. Stepite jajca, ingver in limonino lupinico. Piščanca premažite z mešanico in nato z drobtinami, dokler ni enakomerno prevlečen. Segrejte olje in na njem popecite piščanca, da porjavi.

Dušen piščanec s šunko

Nosite 4

4 porcije piščanca
100 g/4 oz prekajene šunke, sesekljane
3 mlade čebule (čebule), sesekljane
15 ml/1 žlica arašidovega olja (arašidov).
sol in sveže mlet poper
15 ml/1 žlica ploščatega peteršilja

Piščančje porcije narežite na 5 cm/1 kose in jih položite v neprepustno skledo s šunko in mlado čebulo. Pokapajte z oljem in začinite s soljo in poprom, nato pa nežno premešajte. Posodo postavite na rešetko v soparniku, pokrijte in dušite nad vrelo vodo približno 40 minut, dokler se piščanec ne zmehča. Postrežemo jih okrašene s peteršiljem.

Piščanec z omako Hoisin

Nosite 4

4 porcije piščanca, prerezane na pol
50 g/2 oz/½ skodelice koruznega zdroba (koruznega škroba)

praženo olje

10 ml/2 žlički naribane korenine ingverja

2 čebuli, sesekljani

225 g brokolijevih cvetov

1 rdeča paprika, sesekljana

225 g/8 oz gob

250 ml/8 fl oz/1 skodelica piščančje juhe

45 ml/3 žlice riževega vina ali suhega šerija

45 ml/3 žlice jabolčnega kisa

45 ml/3 žlice hoisin omake

20 ml/4 žličke sojine omake

Kose piščanca obložimo s polovico koruznega zdroba. Segrejte olje in pražite piščančje kose po nekaj približno 8 minut, dokler ne porjavijo in so pečeni. Odstranite iz ponve in odcedite na kuhinjskem papirju. Iz ponve odstranite vse razen 30 ml/2 žlici olja in pražite ingver 1 minuto. Dodamo čebulo in pražimo 1 minuto. Dodamo brokoli, poper in gobe ter pražimo 2 minuti. Združite juho s prihranjeno smetano in preostalimi sestavinami ter dodajte v ponev. Med mešanjem zavremo in kuhamo, dokler se omaka ne zbistri. Piščanca vrnite v vok in ga med mešanjem kuhajte, dokler se ne segreje, približno 3 minute.

Piščanec z medom

Nosite 4

30 ml/2 žlici arašidovega (arašidovega) olja.
4 kosi piščanca
30 ml/2 žlici sojine omake
120 ml/4 fl oz/½ skodelice riževega vina ali suhega šerija
30 ml/2 žlici medu
5 ml/1 čajna žlička soli
1 mlada čebula (čebula), sesekljana
1 rezina ingverjeve korenine, drobno sesekljana

Segrejte olje in piščanca popecite z vseh strani, da porjavi. Odcedite odvečno olje. Ostale sestavine zmešamo in vlijemo v ponev. Zavremo, pokrijemo in pustimo vreti približno 40 minut, dokler ni piščanec kuhan.

piščanec "Kung Pao

Nosite 4

450 g/lb piščanca, narezanega na kocke
1 beljak
5 ml/1 čajna žlička soli
30 ml/2 žlici koruzne moke (koruzni škrob)
60 ml/4 žlice arašidovega olja (arašidov).

25 g/1 oz posušenega rdečega čilija, olupljenega
5 ml/1 čajna žlička mletega česna
15 ml/1 žlica sojine omake
15 ml/1 žlica riževega vina ali suhega šerija 5 ml/1 žlica sladkorja
5 ml/1 čajna žlička vinskega kisa
5 ml/1 čajna žlička sezamovega olja
30 ml/2 žlici vode

Piščanca dajte v skledo z beljakom, soljo in polovico koruznega škroba ter pustite, da se marinira 30 minut. Segrejte olje in piščanca popecite, da rahlo porjavi, nato pa ga odstranite iz ponve. Segrejte olje in na njem 2 minuti pražite čili in česen. Piščanca vrnite v ponev s sojino omako, vinom ali šerijem, sladkorjem, vinskim kisom in sezamovim oljem ter pražite 2 minuti. Preostalo koruzno moko zmešamo z vodo, stresemo v ponev in med mešanjem kuhamo toliko časa, da se omaka zbistri in zgosti.

Piščanec s porom

Nosite 4

30 ml/2 žlici arašidovega (arašidovega) olja.
5 ml/1 čajna žlička soli
225 g narezanega pora

1 rezina ingverjeve korenine, sesekljana
225 g/8 oz piščanca, narezanega na tanke rezine
15 ml/1 žlica riževega vina ali suhega šerija
15 ml/1 žlica sojine omake

Segrejte polovico olja in na njem prepražite sol in por, da rahlo porjavita, nato pa jih odstranite iz ponve. Segrejte preostalo olje in prepražite ingver in piščanca, da rahlo porjavita. Dodajte vino ali šeri in sojino omako ter med mešanjem pražite še 2 minuti, dokler ni piščanec pečen. V ponev položite por in mešajte, dokler se ne segreje. Postrezite takoj.

Piščanec z limono

Nosite 4

4 piščančje prsi brez kosti
2 jajci
50 g/2 oz/½ skodelice koruznega zdroba (koruznega škroba)
50 g/2 oz/½ skodelice navadne (univerzalne) moke.

150 ml/¼ pt/½ polne skodelice vode
arašidovo olje (arašidi) za cvrtje
250 ml/8 fl oz/1 skodelica piščančje juhe
60 ml/5 žlic limoninega soka
30 ml/2 žlici riževega vina ali suhega šerija
30 ml/2 žlici koruzne moke (koruzni škrob)
30 ml/2 žlici paradižnikove mezge (pasta)
1 glava zelene solate

Vsako piščančjo prso razrežite na 4 kose. Penasto umešamo jajca, koruzni škrob in moko ter dodamo toliko vode, da dobimo gosto maso. Kose piščanca položite v testo in premešajte, dokler ni popolnoma prekrito. Segrejte olje in popecite piščanca, da porjavi in postane pečen.

Medtem vmešajte osnovo, limonin sok, vino ali šeri, smetano in paradižnikovo mezgo ter med mešanjem rahlo segrevajte, dokler ne zavre. Med nenehnim mešanjem kuhamo toliko časa, da se omaka zgosti in zbistri. Piščanca razporedimo po segretem krožniku na posteljico iz solatnih listov in prelijemo z omako ali postrežemo zraven.

Pečen piščanec z limono

Nosite 4

450 g/1 lb piščanca brez kosti, narezanega
30 ml/2 žlici limoninega soka
15 ml/1 žlica sojine omake
15 ml/1 žlica riževega vina ali suhega šerija
30 ml/2 žlici koruzne moke (koruzni škrob)

30 ml/2 žlici arašidovega (arašidovega) olja.

2,5 ml/½ čajne žličke soli

2 stroka česna, nasekljana

50 g vodnega kostanja, narezanega na trakove

50 g bambusovih poganjkov, narezanih na trakove

nekaj kitajskih listov, narezanih na trakove

60 ml/4 žlice piščančje juhe

15 ml/1 žlica paradižnikove mezge (pasta)

15 ml/1 žlica sladkorja

15 ml/1 žlica limoninega soka

Piščanca položite v skledo. Zmešajte limonin sok, sojino omako, vino ali šeri in 15 ml/1 žlico koruznega škroba, prelijte po piščancu in pustite, da se marinira 1 uro, občasno obrnite.

Segrejte olje, sol in česen, da se česen rahlo zapeče, nato dodajte piščanca in marinado ter pražite približno 5 minut, da se piščanec rahlo zapeče. Dodajte vodni kostanj, bambusove poganjke in kitajske liste ter med mešanjem pražite še 3 minute oziroma dokler ni piščanec pečen. Dodamo preostale sestavine in pražimo približno 3 minute, da se omaka zbistri in zgosti.

Piščančja jetra z bambusovimi poganjki

Nosite 4

225 g piščančjih jeter, narezanih na debele rezine

45 ml/3 žlice riževega vina ali suhega šerija

45 ml/3 žlice arašidovega (arašidovega) olja.

15 ml/1 žlica sojine omake

100 g bambusovih poganjkov, narezanih na rezine

100 g vodnega kostanja, narezanega

60 ml/4 žlice piščančje juhe

sol in sveže mlet poper

Piščančja jetra zmešajte z vinom ali šerijem in pustite 30 minut. Segrejte olje in popecite piščančja jetrca, da rahlo porjavijo. Dodajte marinado, sojino omako, bambusove poganjke, vodni kostanj in juho. Zavremo ter začinimo s soljo in poprom. Pokrijte in dušite približno 10 minut, dokler se ne zmehča.

Ocvrta piščančja jetra

Nosite 4

450 g piščančjih jeter, prerezanih na pol

50 g/2 oz/½ skodelice koruznega zdroba (koruznega škroba)

praženo olje

Piščančja jetra osušite, nato potresite s koruzno moko in otresite odvečno količino. Segrejte olje in pražite piščančja jetrca nekaj minut, da porjavijo in so pečena. Pred serviranjem odcedimo na kuhinjskem papirju.

Piščančja jetra s snežnim grahom

Nosite 4

225 g piščančjih jeter, narezanih na debele rezine
10 ml/2 žlici koruzne moke (koruzni škrob)
10 ml/2 žlički riževega vina ali suhega šerija
15 ml/1 žlica sojine omake
45 ml/3 žlice arašidovega (arašidovega) olja.
2,5 ml/½ čajne žličke soli
2 rezini ingverjeve korenine, sesekljane

100g/4oz snežnega graha (grah)
10 ml/2 žlici koruzne moke (koruzni škrob)
60 ml / 4 žlice vode

Piščančja jetrca damo v skledo. Dodajte koruzno moko, vino ali šeri in sojino omako ter dobro premešajte, da se prekrije. Segrejte polovico olja in prepražite sol in ingver do zlato rjave barve. Dodamo snežni grah in ga pražimo, da se dobro prekrije z oljem, nato ga odstranimo iz ponve. Segrejte preostalo olje in pražite piščančja jetra 5 minut, dokler niso kuhana. Koruzni zdrob in vodo zmešamo v pasto, vmešamo v ponev in med mešanjem kuhamo toliko časa, da se omaka zbistri in zgosti. Snežni grah vrnite v ponev in kuhajte, dokler se ne segreje.

Piščančja jetra s palačinkami z rezanci

Nosite 4

30 ml/2 žlici arašidovega (arašidovega) olja.
1 čebula, narezana
450 g piščančjih jeter, prerezanih na pol
2 palčki zelene, narezani na rezine
120 ml/4 fl oz/½ skodelice piščančje juhe
15 ml/1 žlica koruzne moke (koruznega škroba)
15 ml/1 žlica sojine omake
30 ml/2 žlici vode

testo za palačinke

Segrejte olje in na njem prepražite čebulo do mehkega. Dodamo piščančja jetra in pražimo, da porjavijo. Dodamo zeleno in pražimo 1 minuto. Prilijemo osnovo, zavremo, pokrijemo in pustimo vreti 5 minut. Koruzno moko, sojino omako in vodo zmešamo v pasto, stresemo v ponev in med mešanjem kuhamo, dokler se omaka ne zbistri in zgosti. Zmes prelijemo čez palačinko z rezanci in postrežemo.

Piščančja jetra z omako iz ostrig

Nosite 4

45 ml/3 žlice arašidovega (arašidovega) olja.
1 čebula, sesekljana
225 g piščančjih jeter, prerezanih na pol
100 g narezanih gob
30 ml/2 žlici ostrigine omake
15 ml/1 žlica sojine omake
15 ml/1 žlica riževega vina ali suhega šerija

120 ml/4 fl oz/½ skodelice piščančje juhe
5 ml/1 čajna žlička sladkorja
15 ml/1 žlica koruzne moke (koruznega škroba)
45 ml/3 žlice vode

Segrejemo polovico olja in prepražimo čebulo do mehkega. Dodamo piščančja jetra in pražimo, da porjavijo. Dodamo gobe in pražimo 2 minuti. Zmešajte ostrigino omako, sojino omako, vino ali šeri, osnovo in sladkor, vlijte v ponev in med mešanjem zavrite. Koruzno moko in vodo zmešajte v pasto, dodajte v ponev in med mešanjem kuhajte, dokler se omaka ne zbistri in zgosti, jetra pa zmehčajo.

Piščančja jetra z ananasom

Nosite 4

225 g piščančjih jeter, prerezanih na pol
45 ml/3 žlice arašidovega (arašidovega) olja.
30 ml/2 žlici sojine omake
15 ml/1 žlica koruzne moke (koruznega škroba)
15 ml/1 žlica sladkorja
15 ml/1 žlica vinskega kisa
sol in sveže mlet poper
100 g/4 oz ananasovih koščkov
60 ml/4 žlice piščančje juhe

Piščančja jetra kuhajte v vreli vodi 30 sekund, nato jih odcedite. Segrejte olje in na njem 30 sekund pražite piščančja jetrca. Zmešajte sojino omako, koruzni škrob, sladkor, vinski kis, sol in poper, vlijte v ponev in dobro premešajte, da se premažejo piščančja jetrca. Dodamo koščke ananasa in osnovo ter pražimo približno 3 minute, dokler se jetra ne skuhajo.

Sladko-kisla piščančja jetra

Nosite 4

30 ml/2 žlici arašidovega (arašidovega) olja.
450 g/1 lb piščančjih jeter, narezanih na četrtine
2 zeleni papriki, narezani na koščke
4 pločevinke rezin ananasa, narezanih na koščke
60 ml/4 žlice piščančje juhe
30 ml/2 žlici koruzne moke (koruzni škrob)
10 ml/2 žlički sojine omake
100 g/4 oz/½ skodelice sladkorja
120 ml/4 fl oz/½ skodelice vinskega kisa
120 ml/4 fl oz/½ skodelice vode

Olje segrejemo in jetrca rahlo popečemo, nato jih preložimo v segret servirni krožnik. V ponev dodamo papriko in jo pražimo 3 minute. Dodamo ananas in osnovo, zavremo, pokrijemo in pustimo vreti 15 minut. Ostale sestavine zmešamo v pasto, zmešamo v ponvi in med mešanjem kuhamo toliko časa, da se omaka zgosti. Prelijemo po piščančjih jetrcih in postrežemo.

Piščanec z ličijem

Nosite 4

3 piščančje prsi
60 ml/4 žlice koruzne moke (koruzni škrob)
45 ml/3 žlice arašidovega (arašidovega) olja.
5 mladih čebul (čebulic), narezanih
1 rdeča paprika, narezana na majhne koščke
120 ml/4 fl oz/½ skodelice paradižnikove omake
120 ml/4 fl oz/½ skodelice piščančje juhe
5 ml/1 čajna žlička sladkorja
275 g/10 oz olupljenih ličijev

Piščančje prsi razpolovite in odstranite ter zavrzite kosti in kožo. Vsako prso razrežite na 6 delov. Odstavite 5 ml/1 čajno žličko koruzne moke in preostanek dodajte piščancu, dokler ni dobro prevlečen. Segrejte olje in piščanca pražite približno 8 minut, da porjavi. Dodamo mlado čebulo in poper ter pražimo 1 minuto. Zmešajte paradižnikovo omako, polovico jušne osnove in sladkor ter vmešajte v vok z ličiji. Zavremo, pokrijemo in pustimo vreti približno 10 minut, dokler ni piščanec kuhan. Vmešajte koruzni zdrob in prihranjeno osnovo, nato pa vmešajte v ponev. Med mešanjem kuhajte, dokler se omaka ne zbistri in zgosti.

Piščanec z ličijevo omako

Nosite 4

225 g/8 oz piščanca
1 mlada čebula (čebula)
4 vodni kostanj
30 ml/2 žlici koruzne moke (koruzni škrob)
45 ml/3 žlice sojine omake
30 ml/2 žlici riževega vina ali suhega šerija
2 beljaka
praženo olje
400g/14oz pločevinka ličijev v sirupu
5 žlic piščančje juhe

Piščanca z mlado čebulo in vodnim kostanjem sesekljajte. Vmešajte 1/2 koruznega zdroba, 30 ml/2 žlici sojine omake, vino ali šeri in sneg iz beljakov. Zmes oblikujemo v kroglice v velikosti oreha. Segrejte olje in na njem popecite piščanca, da porjavi. Odcedimo na kuhinjskem papirju.

Medtem rahlo segrejte ličijev sirup z osnovo in prihranjeno sojino omako. Preostalo koruzno moko zmešamo z malo vode, stresemo v ponev in med mešanjem kuhamo toliko časa, da se omaka zbistri in zgosti. Vmešajte liči in kuhajte, da se segreje. Piščanca razporedimo na segret krožnik, prelijemo z ličijem in salso ter takoj postrežemo.

Piščanec s snežnim grahom

Nosite 4

225 g/8 oz piščanca, narezanega na tanke rezine
5 ml/1 čajna žlička koruzne moke (koruznega škroba)
5 ml/1 čajna žlička riževega vina ali suhega šerija
5 ml/1 čajna žlička sezamovega olja
1 beljak, rahlo stepen
45 ml/3 žlice arašidovega (arašidovega) olja.
1 strok česna, strt
1 rezina ingverjeve korenine, sesekljana
100g/4oz snežnega graha (grah)
120 ml/4 fl oz/½ skodelice piščančje juhe
sol in sveže mlet poper

Piščanca zmešajte s koruznim škrobom, vinom ali šerijem, sezamovim oljem in jajčnim beljakom. Segrejte polovico olja in prepražite česen in ingver, da rahlo porjavita. Dodamo piščanca in zlato zapečemo, nato ga odstranimo iz ponve. Segrejte preostalo olje in pražite snežni grah 2 minuti. Prilijemo osnovo, zavremo, pokrijemo in pustimo vreti 2 minuti. Piščanca vrnite v ponev in ga začinite s soljo in poprom. Kuhajte, dokler se ne segreje.

Mango baby

Nosite 4

100 g/4 oz/1 skodelica navadne moke (za vse namene).
250 ml/8 fl oz/1 skodelica vode
2,5 ml/½ čajne žličke soli
pecilni prašek
3 piščančje prsi
praženo olje
1 rezina ingverjeve korenine, sesekljana
150 ml/¼ pt/½ skodelice piščančje juhe
45 ml/3 žlice vinskega kisa
45 ml/3 žlice riževega vina ali suhega šerija
20 ml/4 žličke sojine omake
10 ml/2 žlički sladkorja

10 ml/2 žlici koruzne moke (koruzni škrob)
5 ml/1 čajna žlička sezamovega olja
5 mladih čebul (čebulic), narezanih
400 g/11 oz pločevinka manga, odcejenega in narezanega

Zmešamo moko, vodo, sol in kvas. Pustimo počivati 15 minut. Odstranite in zavrzite kožo in kosti s piščanca. Piščanca narežemo na tanke trakove. Vmešamo jih v mešanico moke. Segrejte olje in piščanca pražite približno 5 minut, da porjavi. Odstranite iz ponve in odcedite na kuhinjskem papirju. Iz voka odstranite vse razen 15 ml/1 žlico olja in prepražite ingver, da rahlo porjavi. Juho zmešajte z vinskim kisom, vinom ali šerijem, sojino omako, sladkorjem, smetano in sezamovim oljem. Dodajte v ponev in med mešanjem zavrite. Dodajte mlado čebulo in kuhajte 3 minute. Dodajte piščanca in mango ter med mešanjem kuhajte 2 minuti.

Lubenica, polnjena s piščancem

Nosite 4

350 g/12 oz piščanca
6 vodnih kostanjev
2 oluščeni školjki
4 rezine ingverjeve korenine
5 ml/1 čajna žlička soli

15 ml/1 žlica sojine omake
600 ml/1 kos/2½ skodelice piščančje juhe
8 majhnih ali 4 srednje velike melone

Piščanca, kostanj, školjke in ingver drobno sesekljajte in zmešajte s soljo, sojino omako in osnovo. Melonam odrežemo vrh in odstranimo semena. Podpišite zgornje robove. Nadevajte melone s piščančjo mešanico in jih postavite na rešetko v parno pečico. Kuhajte v vreli vodi 40 minut, dokler ni piščanec kuhan.

Ocvrt piščanec in gobe

Nosite 4

45 ml/3 žlice arašidovega (arašidovega) olja.
1 strok česna, strt
1 mlada čebula (čebula), sesekljana
1 rezina ingverjeve korenine, sesekljana
225 g piščančjih prsi, narezanih na kosmiče
225 g/8 oz gob
45 ml/3 žlice sojine omake
15 ml/1 žlica riževega vina ali suhega šerija
5 ml/1 čajna žlička koruzne moke (koruznega škroba)

Segrejemo olje in pražimo česen, mlado čebulo in ingver, da rahlo porjavijo. Dodajte piščanca in ga pražite 5 minut. Dodamo gobe in pražimo 3 minute. Dodamo sojino omako, vino ali šeri in koruzni zdrob ter pražimo približno 5 minut, dokler ni piščanec pečen.

Piščanec z gobami in lešniki

Nosite 4

30 ml/2 žlici arašidovega (arašidovega) olja.
2 stroka česna, nasekljana
1 rezina ingverjeve korenine, sesekljana
450 g/1 lb piščanca brez kosti, narezanega na kocke
225 g/8 oz gob
100 g bambusovih poganjkov, narezanih na trakove
1 zelena paprika, narezana na kocke
1 rdeča paprika, narezana na kocke
250 ml/8 fl oz/1 skodelica piščančje juhe
30 ml/2 žlici riževega vina ali suhega šerija
15 ml/1 žlica sojine omake
15 ml/1 žlica omake Tabasco
30 ml/2 žlici koruzne moke (koruzni škrob)

30 ml/2 žlici vode

Segrejte olje, česen in ingver, dokler česen rahlo ne porjavi. Dodamo piščanca in pražimo, da rahlo porjavi. Dodamo gobe, bambusove poganjke in papriko ter pražimo 3 minute. Dodajte osnovo, vino ali šeri, sojino omako in omako Tabasco ter med mešanjem zavrite. Pokrijte in dušite približno 10 minut, dokler ni piščanec kuhan. Zmešajte koruzni zdrob in vodo ter vmešajte v omako. Med mešanjem kuhajte, dokler se omaka ne zbistri in zgosti, če je omaka pregosta, dodajte še malo jušne osnove ali vode.

Ocvrt piščanec z gobami

Nosite 4

6 posušenih kitajskih gob

1 piščančja prsa, narezana na tanke rezine

1 rezina ingverjeve korenine, sesekljana

2 mladi čebuli (čebulice), sesekljani

15 ml/1 žlica koruzne moke (koruznega škroba)

15 ml/1 žlica riževega vina ali suhega šerija

30 ml/2 žlici vode

2,5 ml/½ čajne žličke soli

45 ml/3 žlice arašidovega (arašidovega) olja.

225 g narezanih gob

100 g fižolovih kalčkov

15 ml/1 žlica sojine omake

5 ml/1 čajna žlička sladkorja

120 ml/4 fl oz/½ skodelice piščančje juhe

Gobe za 30 minut namočimo v topli vodi, nato jih odcedimo. Zavrzite peclje in odrežite klobuke. Piščanca položite v skledo. Zmešajte ingver, mlado čebulo, koruzni škrob, vino ali šeri, vodo in sol, dodajte piščancu in pustite počivati 1 uro. Segrejte polovico olja in piščanca popecite, da rahlo porjavi, nato pa ga odstranite iz ponve. Preostalo olje segrejemo in na njem 3 minute dušimo suhe in sveže gobe ter fižolove kalčke. Dodajte sojino omako, sladkor in osnovo, zavrite, pokrijte in kuhajte 4 minute, dokler se zelenjava ravno ne zmehča. Piščanca vrnite v ponev, dobro premešajte in pred serviranjem rahlo segrejte.

Dušen piščanec z gobami

Nosite 4

4 kosi piščanca
30 ml/2 žlici koruzne moke (koruzni škrob)
30 ml/2 žlici sojine omake
3 mlade čebule (čebule), sesekljane
2 rezini ingverjeve korenine, sesekljane
2,5 ml/½ čajne žličke soli
100 g narezanih gob

Kose piščanca narežite na 5 cm/2 kose in položite v skledo, neprepustno za pečico. Koruzni zdrob in sojino omako zmešajte v pasto, vmešajte mlado čebulo, ingver in sol ter dobro premešajte s piščancem. Nežno vmešajte gobe. Posodo postavite na rešetko v soparniku, pokrijte in kuhajte na pari nad vrelo vodo približno 35 minut, dokler se piščanec ne zmehča.

Piščanec s čebulo

Nosite 4

60 ml/4 žlice arašidovega olja (arašidov).
2 čebuli, sesekljani
450 g/1 lb piščanca, narezanega
30 ml/2 žlici riževega vina ali suhega šerija
250 ml/8 fl oz/1 skodelica piščančje juhe
45 ml/3 žlice sojine omake
30 ml/2 žlici koruzne moke (koruzni škrob)
45 ml/3 žlice vode

Segrejemo olje in pražimo čebulo, da rahlo zarumeni. Dodamo piščanca in pražimo, da rahlo porjavi. Dodamo vino ali šeri, osnovo in sojino omako, zavremo, pokrijemo in dušimo 25 minut, dokler se piščanec ne zmehča. Koruzni zdrob in vodo zmešamo v pasto, vmešamo v ponev in med mešanjem kuhamo toliko časa, da se omaka zbistri in zgosti.

Piščanec s pomarančo in limono

Nosite 4

350 g/1 lb piščanca, narezanega na trakove

30 ml/2 žlici arašidovega (arašidovega) olja.

2 stroka česna, nasekljana

2 rezini ingverjeve korenine, sesekljane

naribana lupina ½ pomaranče

naribana lupinica ½ limone

45 ml/3 žlice pomarančnega soka

45 ml/3 žlice limoninega soka

15 ml/1 žlica sojine omake

3 mlade čebule (čebule), sesekljane

15 ml/1 žlica koruzne moke (koruznega škroba)

45 ml/1 žlica vode

Piščanca kuhajte v vreli vodi 30 sekund, nato ga odcedite. Segrejte olje in na njem 30 sekund pražite česen in ingver. Dodamo pomarančno in limonino lupinico in sok, sojino omako in mlado čebulo ter pražimo 2 minuti. Dodajte piščanca in kuhajte nekaj minut, dokler se piščanec ne zmehča. Koruzni zdrob in vodo zmešajte v pasto, dodajte v ponev in med mešanjem kuhajte, dokler se omaka ne zgosti.

Piščanec z omako iz ostrig

Nosite 4

30 ml/2 žlici arašidovega (arašidovega) olja.
1 strok česna, strt
1 rezina ingverja, drobno narezana
450 g/1 lb piščanca, narezanega
250 ml/8 fl oz/1 skodelica piščančje juhe
30 ml/2 žlici ostrigine omake
15 ml/1 žlica riževega vina ali šerija
5 ml/1 čajna žlička sladkorja

Segrejte olje s česnom in ingverjem ter prepražite do rjavega. Dodajte piščanca in pražite približno 3 minute, da rahlo porjavi. Dodamo osnovo, ostrigino omako, vino ali šeri in sladkor, med mešanjem zavremo, nato pokrijemo in med občasnim mešanjem dušimo približno 15 minut, dokler ni piščanec pečen. Odstranite pokrov in nadaljujte s kuhanjem, med mešanjem, približno 4 minute, dokler se omaka ne zmanjša in zgosti.

Piščančji paketi

Nosite 4

225 g/8 oz piščanca
30 ml/2 žlici riževega vina ali suhega šerija
30 ml/2 žlici sojine omake
voščen papir ali pergament za peko
30 ml/2 žlici arašidovega (arašidovega) olja.
praženo olje

Piščanca narežemo na 5 cm/2 kocke. Zmešajte vino ali šeri in sojino omako, prelijte čez piščanca in dobro premešajte. Pokrijte in pustite stati 1 uro, občasno premešajte. Papir razrežite na 10 cm/4 kvadratke in namažite z oljem. Piščanca dobro odcedimo. Na delovno površino položite kos papirja z enim kotom obrnjen proti sebi. Kos piščanca položite na kvadrat tik pod sredino, prepognite spodnji kot in znova prepognite, da obdate piščanca. Prepognite na stran, nato prepognite zgornji kot, da pritrdite paket. Segrejte olje in pražite piščančje cmoke približno 5 minut, dokler niso kuhani. Postrezite toplo v paketih, da jih gostje odprejo.

Lešnikov piščanec

Nosite 4

225 g/8 oz piščanca, narezanega na tanke rezine
1 beljak, rahlo stepen
10 ml/2 žlici koruzne moke (koruzni škrob)
45 ml/3 žlice arašidovega (arašidovega) olja.
1 strok česna, strt
1 rezina ingverjeve korenine, sesekljana
2 pora, nasekljana
30 ml/2 žlici sojine omake
15 ml/1 žlica riževega vina ali suhega šerija
100 g praženih arašidov

Piščanca zmešajte z jajčnim beljakom in smetano, dokler ni dobro prekrita. Segrejte polovico olja in piščanca prepražite, da porjavi, nato pa ga odstranite iz ponve. Segrejte preostalo olje in prepražite česen in ingver do mehkega. Dodamo por in pražimo, da rahlo porjavi. Vmešajte sojino omako in vino ali šeri ter pustite vreti 3 minute. Piščanca vrnite v ponev z arašidi in rahlo kuhajte, dokler se ne segreje.

Piščanec z arašidovim maslom

Nosite 4

4 piščančje prsi, narezane na kocke
sol in sveže mlet poper
5 ml/1 čajna žlička petih začimb v prahu
45 ml/3 žlice arašidovega (arašidovega) olja.
1 čebula, narezana na kocke
2 korenčka, narezana na kocke
1 steblo zelene, narezano na kocke
300 ml/½ čajne žličke/1¼ skodelice piščančje juhe
10 ml/2 žlici paradižnikove mezge (pasta)
100 g arašidovega masla
15 ml/1 žlica sojine omake
10 ml/2 žlici koruzne moke (koruzni škrob)
rjavi sladkor v prahu
15 ml/1 žlica sesekljanega drobnjaka

Piščanca začinite s soljo, poprom in petimi začimbami v prahu. Olje segrejemo in piščanca popečemo do mehkega. Odstranite iz pekača. Dodajte zelenjavo in pražite, dokler ni mehka, a še vedno hrustljava. Juho zmešamo z ostalimi sestavinami, razen drobnjaka, stresemo v kozico in zavremo. Piščanca vrnite v ponev in ga med mešanjem segrevajte. Postrežemo jo posuto s sladkorjem.

Piščanec z zelenim grahom

Nosite 4

60 ml/4 žlice arašidovega olja (arašidov).
1 čebula, sesekljana
450 g/lb piščanca, narezanega na kocke
sol in sveže mlet poper
100 g graha
2 stebli zelene, sesekljani
100 g gob, sesekljanih
250 ml/8 fl oz/1 skodelica piščančje juhe
15 ml/1 žlica koruzne moke (koruznega škroba)
15 ml/1 žlica sojine omake
60 ml / 4 žlice vode

Segrejemo olje in pražimo čebulo, da rahlo zarumeni. Dodamo piščanca in pražimo do barve. Posolimo in popopramo ter dodamo grah, zeleno in gobe ter dobro premešamo. Prilijemo osnovo, zavremo, pokrijemo in pustimo vreti 15 minut. Koruzno moko, sojino omako in vodo zmešajte v pasto, dodajte v ponev in med mešanjem kuhajte, dokler se omaka ne zbistri in zgosti.

Pekinški piščanec

Nosite 4

4 porcije piščanca
sol in sveže mlet poper
5 ml/1 čajna žlička sladkorja
1 mlada čebula (čebula), sesekljana
1 rezina ingverjeve korenine, sesekljana
15 ml/1 žlica sojine omake
15 ml/1 žlica riževega vina ali suhega šerija
15 ml/1 žlica koruzne moke (koruznega škroba)
praženo olje

Porcije piščanca položite v plitvo skledo in jih potresite s soljo in poprom. Zmešajte sladkor, mlado čebulo, ingver, sojino omako in vino ali šeri, zmešajte s piščancem, pokrijte in pustite marinirati 3 ure. Piščanca odcedimo in potresemo s koruznim škrobom. Segrejte olje in popecite piščanca, da porjavi in postane pečen. Pred serviranjem dobro odcedimo.

Piščanec s papriko

Nosite 4

60 ml/4 žlice sojine omake
45 ml/3 žlice riževega vina ali suhega šerija
45 ml/3 žlice koruzne moke (koruzni škrob)
450 g/1 lb piščanca, mletega (mletega)
60 ml/4 žlice arašidovega olja (arašidov).
2,5 ml/½ čajne žličke soli
2 stroka česna, nasekljana
2 rdeči papriki, narezani na kocke
1 zelena paprika, narezana na kocke
5 ml/1 čajna žlička sladkorja
300 ml/½ čajne žličke/1¼ skodelice piščančje juhe

Vmešajte polovico sojine omake, polovico vina ali šerija in polovico koruznega škroba. Prelijemo preko piščanca, dobro premešamo in pustimo marinirati vsaj 1 uro. Segrejte polovico olja s soljo in česnom, da rahlo porjavi. Dodamo piščanca in marinado ter pražimo približno 4 minute, da piščanec pobeli, nato ga odstranimo iz ponve. V ponev dodamo preostalo olje in papriko pražimo 2 minuti. Dodajte sladkor v ponev s preostalo sojino omako, vinom ali šerijem in koruznim škrobom ter dobro premešajte. Prilijemo juho, zavremo, nato pa med mešanjem kuhamo toliko časa, da se omaka zgosti. Piščanca vrnite v ponev, pokrijte in kuhajte 4 minute, dokler ni piščanec pečen.

Ocvrt piščanec s papriko

Nosite 4

1 piščančja prsa, narezana na tanke rezine
2 rezini ingverjeve korenine, sesekljane
2 mladi čebuli (čebulice), sesekljani
15 ml/1 žlica koruzne moke (koruznega škroba)
30 ml/2 žlici riževega vina ali suhega šerija
30 ml/2 žlici vode
2,5 ml/½ čajne žličke soli
45 ml/3 žlice arašidovega (arašidovega) olja.
100 g vodnega kostanja, narezanega
1 rdeča paprika, narezana na trakove
1 zelena paprika, narezana na trakove
1 rumena paprika, narezana na trakove
30 ml/2 žlici sojine omake
120 ml/4 fl oz/½ skodelice piščančje juhe

Piščanca položite v skledo. Zmešajte ingver, mlado čebulo, koruzni škrob, vino ali šeri, vodo in sol, dodajte piščancu in pustite počivati 1 uro. Segrejte polovico olja in piščanca popecite, da rahlo porjavi, nato pa ga odstranite iz ponve. Segrejte preostalo olje in na njem 2 minuti pražite kostanj in papriko. Dodajte sojino omako in osnovo, zavrite, pokrijte in kuhajte 5 minut, dokler se zelenjava ravno ne zmehča. Piščanca vrnite v ponev, dobro premešajte in pred serviranjem rahlo segrejte.

Piščanec in ananas

Nosite 4

30 ml/2 žlici arašidovega (arašidovega) olja.

5 ml/1 čajna žlička soli

2 stroka česna, nasekljana

450 g/1 lb piščanca brez kosti, narezanega na tanke rezine

2 čebuli, narezani

100 g vodnega kostanja, narezanega

100 g/4 oz ananasovih koščkov

30 ml/2 žlici riževega vina ali suhega šerija

450 ml/¾ za/2 skodelici piščančje juhe

5 ml/1 čajna žlička sladkorja

sveže mlet poper

30 ml/2 žlici ananasovega soka

30 ml/2 žlici sojine omake

30 ml/2 žlici koruzne moke (koruzni škrob)

Segrevajte olje, sol in česen, dokler česen rahlo ne porjavi. Dodajte piščanca in ga pražite 2 minuti. Dodamo čebulo, vodni kostanj in ananas ter pražimo 2 minuti. Dodamo vino ali šeri, osnovo in sladkor ter začinimo s poprom. Zavremo, pokrijemo in pustimo vreti 5 minut. Zmešajte ananasov sok, sojino omako in koruzni škrob. Stresemo v ponev in med mešanjem kuhamo, dokler se omaka ne zgosti in zbistri.

Piščanec z ananasom in ličijem

Nosite 4

30 ml/2 žlici arašidovega (arašidovega) olja.
225 g/8 oz piščanca, narezanega na tanke rezine
1 rezina ingverjeve korenine, sesekljana
15 ml/1 žlica sojine omake
15 ml/1 žlica riževega vina ali suhega šerija
200 g konzerviranega ananasa v sirupu
200g/7oz pločevinka ličijev v sirupu
15 ml/1 žlica koruzne moke (koruznega škroba)

Segrejte olje in popecite piščanca, da se rahlo obarva. Dodajte sojino omako in vino ali šeri ter dobro premešajte. Odmerite 250 ml/8 fl oz/1 skodelico mešanega ličijevega ananasovega sirupa in postavite na stran 30 ml/2 žlici. Ostalo dodajte v ponev, zavrite in kuhajte nekaj minut, da se piščanec zmehča. Dodajte koščke ananasa in liči. Koruzni zdrob zmešamo s prihranjenim sirupom, stresemo v ponev in med mešanjem kuhamo toliko časa, da se omaka zbistri in zgosti.

Piščanec s svinjino

Nosite 4

1 piščančja prsa, narezana na tanke rezine
100 g/4 oz puste svinjine, narezane na tanke rezine
60 ml/4 žlice sojine omake
15 ml/1 žlica koruzne moke (koruznega škroba)
1 beljak
45 ml/3 žlice arašidovega (arašidovega) olja.
3 rezine ingverjeve korenine, sesekljane
50g/2oz bambusovih poganjkov, narezanih
225 g narezanih gob
225 g/8 oz kitajskih listov, sesekljanih
120 ml/4 fl oz/½ skodelice piščančje juhe
30 ml/2 žlici vode

Vmešajte piščanca in svinjino. Zmešajte sojino omako, 5 ml/1 žlico koruznega škroba in jajčni beljak ter vmešajte v piščanca in svinjino. Pustimo počivati 30 minut. Segrejte polovico olja in prepražite piščanca in svinjino, da rahlo porjavi, nato pa jih odstranite iz ponve. Segrejte preostalo olje in prepražite ingver, bambusove poganjke, gobe in kitajske liste, da se dobro prekrijejo z oljem. Prilijemo osnovo in zavremo. Piščančjo zmes damo v ponev, pokrijemo in kuhamo približno 3 minute, dokler se meso ne zmehča. Preostalo koruzno moko zmešajte v pasto z vodo, vmešajte v omako in med mešanjem kuhajte, dokler se omaka ne zgosti. Postrezite takoj.

Dušen piščanec s krompirjem

Nosite 4

4 kosi piščanca
45 ml/3 žlice arašidovega (arašidovega) olja.
1 čebula, narezana
1 strok česna, strt
2 rezini ingverjeve korenine, sesekljane
450 ml/¾ za/2 skodelici vode
45 ml/3 žlice sojine omake
15 ml/1 žlica rjavega sladkorja
2 na kocke narezana krompirja

Piščanca narežite na 5 cm/2 kose. Segrejemo olje in pražimo čebulo, česen in ingver, da rahlo porjavijo. Dodamo piščanca in pražimo, da rahlo porjavi. Dodajte vodo in sojino omako ter zavrite. Dodamo sladkor, pokrijemo in kuhamo približno 30 minut. V ponev dodamo krompir, pokrijemo in dušimo še 10 minut, da se piščanec zmehča in krompir skuha.

Five spice piščanec s krompirjem

Nosite 4

45 ml/3 žlice arašidovega (arašidovega) olja.
450 g/1 lb piščanca, narezanega na kose
sol
45 ml/3 žlice paste iz rumenega fižola
45 ml/3 žlice sojine omake
5 ml/1 čajna žlička sladkorja
5 ml/1 čajna žlička petih začimb v prahu
1 krompir, narezan na kocke
450 ml/¾ za/2 skodelici piščančje juhe

Segrejte olje in na njem popecite piščanca, da rahlo porjavi. Potresemo s soljo, nato dodamo fižolovo pasto, sojino omako, sladkor in pet začimb v prahu ter pražimo 1 minuto. Dodamo krompir in dobro premešamo, nato dodamo osnovo, zavremo, pokrijemo in dušimo približno 30 minut, da se zmehča.

Rdeče kuhan piščanec

Nosite 4

450 g/1 lb piščanca, narezanega
120 ml/4 fl oz/½ skodelice sojine omake
15 ml/1 žlica sladkorja
2 rezini ingverjeve korenine, drobno sesekljane
90 ml/6 žlic piščančje juhe
30 ml/2 žlici riževega vina ali suhega šerija
4 mlade čebule (glava čebula), narezane na rezine

Vse sestavine dajte v ponev in zavrite. Pokrijte in dušite približno 15 minut, dokler ni piščanec kuhan. Odstranite pokrov in kuhajte še približno 5 minut, občasno premešajte, dokler se omaka ne zgosti. Postrežemo posuto z mlado čebulo.

Piščančje mesne kroglice

Nosite 4

225 g/8 oz piščanca, mletega (mletega)
3 vodni kostanj, sesekljan
1 mlada čebula (čebula), sesekljana
1 rezina ingverjeve korenine, sesekljana
2 beljaka
5 ml/2 žlički soli
5 ml/1 čajna žlička sveže mletega popra
120 ml/4 fl oz/½ skodelice arašidovega (arašidovega) olja.
5 ml/1 čajna žlička sesekljane šunke

Zmešajte piščanca, kostanj, polovico mlade čebule, ingver, sneg iz beljakov, sol in poper. Oblikujte kroglice in sploščite. Segrejte olje in pecite mesne kroglice do zlato rjave barve in jih enkrat obrnite. Postrežemo posuto s preostalo čebulo in šunko.

Soljen piščanec

Nosite 4

30 ml/2 žlici arašidovega (arašidovega) olja.

4 kosi piščanca

3 mlade čebule (čebule), sesekljane

2 stroka česna, nasekljana

1 rezina ingverjeve korenine, sesekljana

120 ml/4 fl oz/½ skodelice sojine omake

30 ml/2 žlici riževega vina ali suhega šerija

30 ml/2 žlici rjavega sladkorja

5 ml/1 čajna žlička soli

375 ml/13 fl oz/1½ skodelice vode

15 ml/1 žlica koruzne moke (koruznega škroba)

Segrejte olje in na njem popecite kose piščanca do rjave barve. Dodamo mlado čebulo, česen in ingver ter pražimo 2 minuti. Dodajte sojino omako, vino ali šeri, sladkor in sol ter dobro premešajte. Prilijemo vodo in zavremo, pokrijemo in pustimo vreti 40 minut. Koruzni škrob zmešamo z malo vode, dodamo omaki in med mešanjem kuhamo toliko časa, da se omaka zbistri in zgosti.

Piščanec v sezamovem olju

Nosite 4

90 ml/6 žlic arašidovega (arašidovega) olja.
60 ml/4 žlice sezamovega olja
5 rezin ingverjeve korenine
4 kosi piščanca
600 ml/1 pt/2½ skodelice riževega vina ali suhega šerija
5 ml/1 čajna žlička sladkorja
sol in sveže mlet poper

Segrejte olja in prepražite ingver in piščanca, da rahlo porjavita. Dodajte vino ali sherry in začinite s sladkorjem, soljo in poprom. Zavremo in pustimo vreti, odkrito, dokler se piščanec ne zmehča in omaka ne zredči. Postrežemo v skledicah.

piščančji šeri

Nosite 4

30 ml/2 žlici arašidovega (arašidovega) olja.
4 kosi piščanca

120 ml/4 fl oz/½ skodelice sojine omake
500 ml/17 fl oz/2¼ skodelice riževega vina ali suhega šerija
30 ml/2 žlici sladkorja
5 ml/1 čajna žlička soli
2 stroka česna, nasekljana
1 rezina ingverjeve korenine, sesekljana

Segrejte olje in piščanca popecite z vseh strani, da porjavi. Odlijemo odvečno olje in dodamo vse ostale sestavine. Zavremo, pokrijemo in pustimo vreti na precej močnem ognju 25 minut. Zmanjšajte ogenj in pustite vreti še 15 minut, dokler ni piščanec kuhan in se omaka reducira.

Piščanec s sojino omako

Nosite 4

350 g/12 oz piščanca, narezanega na kocke
2 mladi čebuli (čebulice), sesekljani
3 rezine ingverjeve korenine, sesekljane

15 ml/1 žlica koruzne moke (koruznega škroba)

30 ml/2 žlici riževega vina ali suhega šerija

30 ml/2 žlici vode

45 ml/3 žlice arašidovega (arašidovega) olja.

60 ml/4 žlice goste sojine omake

5 ml/1 čajna žlička sladkorja

Zmešajte piščanca, mlado čebulo, ingver, koruzno moko, vino ali šeri in vodo ter pustite stati 30 minut in občasno premešajte. Segrejte olje in piščanca pražite približno 3 minute, da rahlo porjavi. Dodajte sojino omako in sladkor ter med mešanjem pražite približno 1 minuto, dokler ni piščanec kuhan in mehak.

Začinjen pečen piščanec

Nosite 4

150 ml/¼ pt/½ skodelice zvrhane sojine omake

2 stroka česna, nasekljana

50 g/2 oz/¼ skodelice rjavega sladkorja

1 čebula, drobno sesekljana

30 ml/2 žlici paradižnikove mezge (pasta)

1 rezina limone, sesekljana

1 rezina ingverjeve korenine, sesekljana
45 ml/3 žlice riževega vina ali suhega šerija
4 veliki kosi piščanca

Zmešajte vse sestavine razen piščanca. Piščanca položimo v pekač, ga prelijemo z mešanico, pokrijemo in mariniramo čez noč, občasno polivamo. Piščanca pečemo v predhodno ogreti pečici na 180 °C/350 °F/plin 4 40 minut, občasno obračamo in polivamo. Odstranite pokrov, povečajte temperaturo pečice na 200 °C/400 °F/plinska oznaka 6 in nadaljujte s kuhanjem nadaljnjih 15 minut, dokler ni piščanec pečen.

Piščanec s špinačo

Nosite 4

100 g/4 oz piščanca, mletega
15 ml/1 žlica pršutove maščobe, sesekljane
175 ml/6 fl oz/¾ skodelice piščančje juhe
3 beljake, rahlo stepene
sol
5 ml/1 čajna žlička vode
450 g/lb špinače, drobno sesekljane

5 ml/1 čajna žlička koruzne moke (koruznega škroba)
45 ml/3 žlice arašidovega (arašidovega) olja.

Zmešajte piščanca, maščobo slanine, 150 ml/¼ pt/½ skodelice piščančje juhe, beljake, 5 ml/1 čajno žličko soli in vodo. Špinačo zmešamo s preostalo juho, ščepcem soli in z malo vode primešanim koruznim škrobom. Segrejte polovico olja, dodajte špinačno zmes v ponev in nenehno mešajte na nizkem ognju, dokler se ne segreje. Prestavimo na segret krožnik in pustimo na toplem. Segrejemo preostalo olje in pražimo žličnike piščančje zmesi do bele barve. Po vrhu razporedimo špinačo in takoj postrežemo.

Spomladanski zavitki s piščancem

Nosite 4

15 ml/1 žlica arašidovega olja (arašidov).
ščepec soli
1 strok česna, strt
225 g/8 oz piščanca, narezanega na trakove
100 g narezanih gob
175 g narezanega zelja
100 g/4 oz bambusovih poganjkov, zdrobljenih
50 g sesekljanega vodnega kostanja
100 g fižolovih kalčkov

5 ml/1 čajna žlička sladkorja
5 ml/1 čajna žlička riževega vina ali suhega šerija
5 ml/1 čajna žlička sojine omake
8 kož spomladanskih zvitkov
praženo olje

Segrejemo olje, sol in česen ter rahlo pražimo, dokler česen ne začne zlato porumeniti. Dodamo piščanca in gobe ter pražimo nekaj minut, da piščanec pobeli. Dodamo zelje, bambusove poganjke, vodni kostanj in fižolove kalčke ter pražimo 3 minute. Dodajte sladkor, vino ali šeri in sojino omako, dobro premešajte, pokrijte in kuhajte zadnji 2 minuti. Zvrni v cedilo in pusti, da se odcedi.

Nekaj kepic mešanice nadeva položite na sredino vsake spomladanske rolice, prepognite dno, prepognite ob straneh, nato pa zvijte, tako da obdate nadev. Zaprite rob z malo mešanice moke in vode in pustite, da se suši 30 minut. Segrejte olje in pražite spomladanske zavitke približno 10 minut, da postanejo hrustljavi in zlatorjavi. Pred serviranjem dobro odcedimo.

www.ingramcontent.com/pod-product-compliance
Lightning Source LLC
Chambersburg PA
CBHW071906110526
44591CB00011B/1574